VEGAN ROCKS YOU!

REGINE & ANSGAR FREYBERG

VEGAN ROCKS YOU!

DAS KOCHBUCH

südwest+

Approved by kids: *»Unsere Kinder lieben dieses Gericht und empfehlen es dringend weiter.«*

VEGAN BE HEROES JUST FOR ONE DAY ...

Schon wieder ein veganes Kochbuch, das mir eine vegane Ernährungsweise aufdrücken möchte?

Nö, dieses Mal nicht! Wir wollen dich ermuntern, es einfach mal zu versuchen! Und wenn es am Ende nur an einem Tag ist ... im Monat ... oder in der Woche. Egal! Hauptsache, du versuchst es.

Was viele nicht wissen – vegan ist einfach! So einfach wie Rockmusik, so begeisternd und mitreißend und mindestens so laut und powerful, wenn man an das Mindset und das Körpergefühl denkt, wenn man vegan isst.

Und dabei geht es einfach nur um Gemüse: wie easy es zu beschaffen, auszuwählen, aufzubewahren, zu verwerten und am Ende natürlich zu essen und genießen ist.

Die vegane Küche ist einfach, ehrlich und down to earth. So wie Rock. That's it!

Ganz wichtig: Es ist völlig okay, wenn du sonst lieber Fleisch, Fisch oder Sonstiges isst – genauso, wie es natürlich auch total okay ist, wenn du das nicht tust und schon länger auf tierische Produkte verzichtest. Was wir dir hier bieten, sind Speisen, Gerichte und vor allem Anregungen, die alle durchweg pflanzenbasiert sind und in den meisten Fällen sehr schnell und einfach zuzubereiten sind. Ob du sie als ganze Mahlzeit genießt oder als Beilage für dein Stückchen Fleisch oder Fisch, bleibt dir selbst überlassen.

Aber es gibt so viele Gründe, es einfach mal ohne tierische Produkte zu versuchen. Wir haben uns der Gesundheit wegen entschieden, vegane Ernährung auszuprobieren, und gemerkt, wie gut das uns und unserem Körper tut. Dass wir dabei die Umwelt schützen und maßgeblich zum Tierwohl beitragen, ist für uns eher ein willkommener Nebeneffekt, den wir aus tiefstem Herzen unterstützen. Vegane Ernährung ist unser Beitrag für eine bessere Welt.

Aber gezwungen wird hier niemand. Probieren geht über Studieren.

Regine isst, seit sie 15 Jahre alt ist, vegetarisch, Ansgar hat alles Mögliche an Ernährungsformen ausprobiert und stürzte nach einer wochenlang anhaltenden Paläo-Phase (die auf Fleischkonsum basiert) gleich ins nächste Experiment: 14 Tage tierfrei. Das war's. Die 14 Tage halten immer noch an – seit über fünf Jahren!

Glaub uns: Es ist nicht schwer! Und wenn es bedeutet, dass du nur an einem Tag pro Woche komplett auf tierische Produkte verzichtest, hast du etwas erreicht und dein Körper und deine Gesundheit werden sich freuen.

In Berlin haben sogar die Unis an vier von fünf Tagen in der Woche ein komplett fleischfreies Angebot auf dem Speiseplan – wie sie selbst verlauten lassen: für Tierwohl und Klimaschutz.

Natürlich ist es einfacher, wenn man einen Partner oder eine Partnerin hat, die einen tatkräftig unterstützt, neugierig ist und sich mit dir auf das Experiment »vegane Ernährung« einlässt. Zusammen fällt vieles leichter und macht auch mehr Spaß. Vor allem weil man verschiedene Phasen durchlaufen wird – die Ausprobier-Phase, in der sehr viel gekocht und getestet wird. Die Ausgeh-Phase, in der man merkt, dass man auch als Veganer*in sehr wohl noch am sozialen Leben teilnehmen kann und eigentlich in jedem Restaurant etwas findet. Und die Aussuch-Phase, in der man sich durch das neue vegane und aus Industrieprodukten bestehende Sortiment im Supermarkt durchprobiert. Zu zweit macht es einfach mehr Spaß!

Unsere Rezepte hier sind keine Sterneküche, sondern einfach und bodenständig, sie lassen sich ohne viel Aufwand zubereiten und haben vor allem den einen Nutzen: Sie sollen dir Anregungen geben, dass viel Geschmack und Potenzial in Gemüse steckt, und dir Mut machen, es einfach selbst zu probieren und deinen eigenen (veganen) Weg zu finden.

Bevor du nun anfängst zu schmökern und zu kochen: Es geht nicht darum, das »vegan sein« stoisch durchzuziehen, am Ende eventuell »zu scheitern« und wieder voll umzuschwenken. Nein, es geht darum, Freude am Essen und am Kochen zu haben, Spaß daran zu finden, mit Gemüse zu experimentieren, und zu merken, wie glücklich einen Brokkoli oder Kräuterseitlinge machen können. Und vielleicht am Ende des Tages zu merken, dass man sich in seinem eigenen Körper besser fühlt.

Selbst wenn es lediglich ein veganer Tag in der Woche ist – es lohnt sich!

Vegan be heroes, just for one day!

Wir wünschen dir viel Spaß, viel Freude und guten Appetit!

Regine & Ansgar

*PS: Wir wollen alle Menschen erreichen, jede*r soll sich angesprochen oder angeschrieben fühlen. Frauen, Männer und alle Menschen, die sich anders definieren. Trotzdem verzichten wir weitestgehend auf Gendersprache wie das Gendersternchen. Wir haben es in diesem Buch ganz unterschiedlich gehandhabt und die Ansprachen bunt durchgemischt. Mal findest du ein Sternchen, mal die männliche und die weibliche Form und mal nicht. Genau das ist nämlich das, was uns wichtig ist: bunte Vielfalt. Im Leben und auf dem Teller.*

GENERELLE TIPPS ZUM VEGANEN KOCHEN

Wenn man es herunterreduziert, stellen sich beim veganen Kochen zwei Herausforderungen: der Geschmack und die richtige Konsistenz. Und genau da gehen wir hier genauer drauf ein.

Bumm Bumm Bisch: Geschmack mit Schmackes

Beim Kochen mit Fleisch ist oft das Fleisch der Geschmacksbringer, das durch das Fett viel Würze mit in das Essen bringt. Das fällt bei veganer Ernährung natürlich erst mal weg. Wenn man hier zu Tofu oder anderen Fleischalternativen greift und eins zu eins denselben Effekt erwartet, wird man schnell enttäuscht. Doch die Geschmacksvariationen von Gemüse sind megavielfältig. Man muss nur damit arbeiten und sie herauskitzeln. Gewürztechnisch kann man sich hier total austoben und die Ansprüche an ein gut ausgestattetes Gewürzregal steigen. Sojasauce beziehungsweise Tamari, Miso, Senf oder auch (Thai-) Currypasten sind eine effektive Quelle für Geschmack. Auch Zutaten wie Ingwer, Kurkuma, Zwiebel oder Orange werden immer wieder zum Einsatz kommen. Sehr gut für den geschmacklichen Wumms funktionieren übrigens Hefeflocken, die einen käsigen Geschmack mit sich bringen und die man aus der tierischen Küche eigentlich so gar nicht kennt. Interessant ist auch Kala Namak, ein nach Schwefel riechendes Salz, das sehr an den Geschmack von Ei erinnert.

Dabei nicht vergessen: Fett ist ein Geschmacksträger! Es ist ja gut, dass die vegane Küche von Haus aus eher fettarm ist, aber ohne Fett kein Geschmack. Scheu dich nicht, einfach mal Fett in Form von Öl oder veganer Butter reichlich dazuzugeben, und lerne, wie es den Geschmack intensiviert.

Das Wichtigste dabei: der eigene Geschmackssinn.

Man muss seinen eigenen Geschmackssinn schulen, um zu wissen, was der »Suppe« fehlt. Uns hat es dabei immer sehr geholfen, in »drei Säulen des Geschmacks« zu denken: süß, sauer, salzig.

Diese Geschmacksbasis braucht jedes Gericht.

Natürlich gibt es auch scharf, bitter und umami (herzhaft-intensiv, fleischig), das verstehen wir aber nicht als die Basis, sondern als eine Art zweite Ebene.

Versuche, deinen Geschmackssinn beim Kochen auf den Dreiklang »süß, sauer, salzig« zu sensibilisieren.

So gehört in eine Tomatensoße etwas Süßes oder in den Pancake Salz. Suppen lassen sich wunderbar mit Zitrone, Essig oder Senf abschmecken – auch wenn das in den Rezepten nicht konsequent drinsteht, probiere es doch einfach mal aus.

KLEINER TIPP: ***Das Abschmecken kann man richtig üben, es kommt fast jedes Mal etwas anderes dabei raus. Wir wechseln uns deswegen auch oft ab. Das heißt, einer kocht, der andere schmeckt ab. Es ist echt erstaunlich, was dabei teilweise für aufregende Geschmacksrichtungen rauskommen!***

Natürlich sollte das »Geschmacksdesign« nicht erst beim Abschmecken stattfinden, sondern bereits beim Kochen berücksichtigt werden. Um bei dem Beispiel Tomaten zu bleiben, die sehr sauer sind, könntest du auch mit Zwiebeln die notwendige Süße hineinbringen. Brät man Gemüse scharf an, bringt es ganz andere Geschmäcker hervor, als wenn es gedünstet wird. Und genau das ist ja das Spannende an der veganen Küche: Man kann die

Geschmacksregler in alle verschiedenen Richtungen drehen – mal lauter, intensiver, mal leiser und zurückgenommener – wie in der Musik!. Hier kann man seiner Kochkreativität freien Lauf lassen und ausprobieren.

Die Erfahrung wird mit der Praxis wachsen, du wirst mit der Zeit immer besser und sicherer werden. Fordere dich selbst heraus, arbeite an deiner eigenen Geschmackswahrnehmung und denke stets an die drei Säulen. So gelingt dir jedes Gericht. Versprochen! Und lass dir nicht erzählen, dass vegane Küche geschmacklos sei. Das passiert nur, wenn der Koch oder die Köchin ohne Leidenschaft am Herd stand.

Keep it consistent: Die richtige Konsistenz erreichen

Bei der veganen Küche stehen wir oft vor der Frage: Wie bekomme ich die Sauce gebunden, den Teig fest? Es gibt eine ganze Batterie von Möglichkeiten, die gleichen Ergebnisse wie mit tierischen Zutaten zu erreichen.

Wir unterscheiden hier mal das Backen vom Kochen von Saucen oder Suppen:

Beim Backen von Kuchen, Waffeln oder Pancakes:

Ei-Ersatz beim Backen

1 EL Apfelessig + 1 TL Natron = 1 Ei

Apfelmark (nicht Apfelmus!): 3 EL Apfelmark = 1 Ei

½ Banane, zerdrückt = 1 Ei

1 EL Chiasamen + 3 EL Wasser mischen, 15 Minuten warten = 1 Ei

3 EL Seidentofu = 1 Ei

Grundsätzlich gilt: Brauchst du in deinem Gericht viele »Eier«, ist die Apfelmark-Variante die beste Wahl, da es um die Masse geht. Ist das »Ei« nur für die Klebefunktion im Gericht nötig, wie beispielsweise bei Pancakes, empfehlen wir Apfelessig und Natron. Keine Angst! Es wird nicht nach Essig schmecken. Aber auch hier einfach ausprobieren und die eigene Lieblingsvariante herausfinden.

Wenn es um Saucen geht, kann man sehr gut ein Stück Seidentofu in die Sauce bringen und blenden (mixen). In der Pfanne binden wir Saucen gerne mit den veganen Sahne-Alternativen – hier am besten die Soja-Variante, weil sie am geschmacksneutralsten ist, oder Creme VEGA. Omas Mehlschwitze tut's natürlich auch! Dafür Mehl in zerlassener veganer Butter einrühren und mit Sojamilch aufgießen und erhitzen.

Als nachträgliche Saucenbinder eignen sich im Übrigen (wie auch in der tierischen Küche) die Klassiker Speisestärke, Kartoffelmehl oder auch neuere Produkte wie Tapiokastärke oder Johannisbrotkernmehl et cetera. Hier gibt es im gut sortierten Super- oder Biomarkt inzwischen vielfältige Produkte.

TIPP: ***Anstatt zum Beispiel die Kartoffelstärke nachträglich hinzuzufügen, kann man die Sauce auch gleich mit ein bis zwei klein geschnittenen Kartoffeln köcheln und so die Kartoffelstärke einbringen. Nach dem Blenden (Mixen) wird die Sauce wie von selbst sehr schön binden.***

Probiere auch hier einfach die verschiedenen Produkte aus und habe keine Scheu, etwas falsch zu machen. Sicher wirst du schnell zwei bis drei Standardtricks favorisieren. Sei nicht ungeduldig beim Probieren oder enttäuscht, wenn die Konsistenz mal nicht von selbst so wird, wie du sie dir vorgestellt hast. Übung macht hier wie so oft den Meister(koch).

S

KIDS CORNER

Oft werden wir gefragt, was wir denn eigentlich unseren Kindern in die Schule mitgeben. Eigentlich nichts Besonderes, wir versuchen aber immer, Abwechslung in die Pausenbrotbox zu bekommen. Apropos, die richtige Brotbox ist schon einmal ein Anfang. Wir haben viel experimentiert, mit Tüten, ohne Tüten, Plastikbox ... schlussendlich sind wir bei einer Edelstahlbox gelandet, für die wir keine Butterbrottüte benötigen, alles an seinem Platz bleibt und nicht durcheinanderfällt. Sie sieht schön aus und schont die Umwelt. Und was in die Brotbox kommt und immer gerne gegessen wird, verraten wir jetzt.

Belegter Bagel: Belege doch einfach mal einen Bagel statt ein normales Brot mit Avocado oder veganem Frischkäse, frischen Tomaten und Sprossen. Deine Kinder werden Augen machen!

Rohkost: Äpfel, Karotten, Gurken, Paprika, Tomaten, Trauben und zur Beerenzeit Beeren ohne Ende. Das snacken die Kinder wahnsinnig gern.

Müsli mit »Joghurt«: Es gibt schöne Gefäße, mit denen Joghurt und Müsli getrennt voneinander transportiert und erst zum Verzehr zusammengemischt werden können. In den Joghurt selbst schneiden wir alles hinein, was an frischem Obst zur Verfügung steht. Getrocknete Früchte, Kakaonibs, und fertig ist das leckere Frühstück für die Schule.

Porridge: In einem Thermobehälter können die Kleinen das Porridge (Seite 155) sogar noch warm genießen. Zu Hause fertig machen, mit Zimt, Ahornsirup und frischem und getrocknetem Obst bedecken, Deckel drauf und fertig.

Milchreis: Bereite gleich mehrere Milchreis-Gläser (Seite 156) mit verschiedenen Toppings, Marmelade oder Zimt und Zucker vor. Dann hast du morgens gar keine Arbeit. Kinder lieben Milchreis to go!

Pizza vom Vortag: Pizza vom Abend vorher? Perfekt. Kalte Pizza – das geht schnell und die Kinderaugen und -münder werden riesengroß.

Aufbackbrezeln: Ja, auch das ist eine gute Alternative für die Kinder. Die Teiglinge brauchen oft nur 12 Minuten im Backofen und sind Montagmorgens oft die Pausenretter in der Not, wenn der Kühlschrank vom Wochenende noch leer ist.

Edamame mit Schale: Das Beste überhaupt – entweder am Abend vorher schon zubereiten oder morgens einfach die gefrorenen Edamame kurz in heißes Wasser geben, abspülen, etwas Salz dazugeben – fertig! Wetten, deine Kinder werden auf dem Pausenhof in Scharen von Klassenkamerad*innen umgarnt?

Nüsse und getrocknete Früchte: Es ist immer schön, ein kleines Extradöschen mit Nüssen, Mandeln und getrocknetem Obst wie Cranberrys, Bananenchips, Rosinen, Aprikosen oder Datteln mitzugeben – je nachdem, was dein Kind gerne snackt. Gesund und lecker!

AUFS BROT

BIRNEN-LIMETTEN-MARMELADE

Zubereitungszeit: ***10 Minuten*** *// Kochzeit:* ***20 Minuten***

Alle paar Jahre wirft unser Birnenbaum im Garten so viele Birnen ab, dass wir gar nicht wissen, wohin mit all der Ernte. Dieses Rezept entstand also quasi aus purer Verzweiflung, ist aber sofort zu unserem absoluten Favoriten unter den Marmeladen avanciert. Süß und sauer zugleich, mit einer leichten Vanillenote!

10 Birnen, geschält, entkernt, gewürfelt (ergibt etwa 900 g Birnenwürfel)
1 Apfel, geschält, entkernt, gewürfelt
Gelierzucker (optional: Gelier-Xylit) im Obst/Zucker-Verhältnis 1:2 (900 g:450 g) oder 1:3 (900 g:300 g)
½ EL Vanilleessenz (oder mehr!)
Saft von 3–4 Limetten (je nach Bedarf)
Zeste von 3 Limetten

DU BENÖTIGST: **3–4 saubere Marmeladengläser mit Deckel**

Zur Vorbereitung alle leeren Marmeladengläser und Deckel mit heißem Wasser gründlich ausspülen und kopfüber auf einem Küchenhandtuch bereitstellen.

Die Zutaten in einen großen Topf geben und alles langsam erhitzen. Je flüssiger die Konsistenz wird, desto höher kann die Temperatur gedreht werden. Alles einmal komplett zum Kochen bringen, sodass die Marmelade zu blubbern beginnt. Achtung: Es kann leicht spritzen. Nach circa 4 Minuten die Temperatur reduzieren.

Um zu überprüfen, ob die Marmelade fest genug ist, einen Löffel der heißen Marmelade entnehmen, auf einen Unterteller oder in ein kleines Schälchen geben und für einen Moment in den Kühlschrank stellen. Dann den Unterteller oder das Schälchen leicht auf die Seite kippen und überprüfen, ob die Marmelade noch flüssig ist. Diesen Vorgang wiederholen, bis sie fest ist.

Dann den Topf vom Herd nehmen und die Marmelade mithilfe einer Suppenkelle randvoll in die vorbereiteten Gläser füllen. Die Gläser sofort fest mit ihrem Deckel verschließen, auf den Kopf drehen und zur Seite stellen. Bitte Vorsicht: Die Marmelade ist wirklich heiß, deswegen am besten ein Küchenhandtuch bereithalten.

Wenn die Marmelade abgekühlt ist, die Gläser umdrehen. Sie können für mehrere Monate ungekühlt aufbewahrt werden.

KRÄUTER»BUTTER«

Zubereitungszeit: ***10 Minuten***

Die Kräuter»butter« ist bei uns ein absoluter Renner, der bei keiner Brotzeit fehlen darf. Das Geschrei ist entsprechend groß, wenn sie leer ist. Wie gut, dass sie so leicht und schnell zu machen ist. Sie schmeckt natürlich auf frischem Brot am besten, aber auch auf Knäckebrot mit ein paar frischen Sprossen, Tomaten oder frischem Meerrettich macht die »Butter« einfach süchtig!

125 g Alsan (optional: andere vegane »Butter«) | **1 EL getrocknete Blütenmischung** (gibt es von vielen Herstellern im Handel) | **1 TL getrockneter Estragon** | **1 Prise Salz**

Zuerst die Alsan weich kneten. Dafür eignet sich ein möglichst breiter Küchenspachtel am besten, mit dem man den Butterblock auf einem großen Schneidebrett schichtweise abzieht, bis der ganze Block schön flach und breit verteilt ist. Dann alle restlichen Zutaten darüberstreuen und mit dem Spachtel einarbeiten. Das funktioniert am besten, indem die »Butter« von außen nach innen geklappt wird und dann wieder alles mit dem Spachtel auseinandergezogen wird. Diesen Vorgang ein paarmal wiederholen, bis die Zutaten gleichmäßig eingearbeitet sind. Danach die Butter in einer kleinen Schüssel anrichten. Sie ist sofort genießbar, wobei der Blüten- und Kräutergeschmack erst nach ein paar Stunden zu seiner vollen Entfaltung kommt.

KARROTTEN-LAX

Vorbereitungszeit: ***10 Minuten*** *// Kochzeit:* ***10 Minuten*** *// Einwirkzeit:* ***15 Minuten***

Der vegane Karotten-»Lachs« »geistert« nun ja schon seit einiger Zeit durchs Internet und auch was vegane Fischprodukte angeht, ist die Industrie ganz schön auf dem Vormarsch. Wir haben uns hier an einer eigenen, sehr unaufwendigen Kreation versucht. Probiere es selbst aus: zum Abendbrot, zum Lunch oder auch mal zum schicken Sonntagsfrühstück mit Champagner! So ein Karotten-Lax schmeckt natürlich nicht haargenau wie echter Lachs. Aber das eine sind eben marinierte Karotten und das andere geräuchertes Meerestier.

3 große Möhren | **1 l Wasser** | **1 EL Ahornsirup** | **1 Noriblatt (Alge) oder 2 EL Noriflocken** im Teesieb o. Ä. | **1 EL gemahlene Smoked Paprika** | **2 EL Tamari** | **1 Knoblauchzehe**, geschält | **2 TL Salz**

SERVIERVORSCHLÄGE: **Bagel mit veganem Frischkäse** | **frischem Dill** | **Kapern** | **frisch geriebenem Meerrettich**

Die Möhren mit einem Schäler, Messer oder einer Küchenmaschine in hauchdünne Scheiben schneiden.

In einem Topf Wasser zum Kochen bringen. Alle Zutaten hinzufügen und je nach Dicke der Karotten circa 15–20 Minuten köcheln lassen. Knoblauch und das Noriblatt können ganz bleiben (oder du nutzt Flocken in einem Teesieb oder -beutel, damit du diese wieder entfernen kannst).

Den Herd ausschalten und mit Deckel alles circa 10–15 Minuten nachziehen lassen. Die Möhrenscheiben herausnehmen und abtupfen. Komplett auskühlen lassen.

ROTES PESTO

Zubereitungszeit: ***5 Minuten***

Dieses Pesto funktioniert perfekt als Grundlage für Sandwiches. Rucola, Sprossen, frische Tomaten und Gurken obendrauf, und fertig! Sehr lecker. Das Pesto hält sich auch wunderbar für 10 Tage im Kühlschrank.

60 g Sonnenblumenkerne
60 g Kürbiskerne
200 g eingelegte, getrocknete Tomaten
125 g entsteinte, schwarze Oliven

BEI BEDARF: **Olivenöl** (wenn es zu trocken ist)
½ TL italienische Kräuter

Alle Zutaten mit einem Stabmixer oder in einem Blender (Mixer) grob zerkleinern, sodass die Masse streichfähig wird. Sollte es zu trocken sein, noch etwas Olivenöl hinzufügen.

QUICKIE-HUMMUS

Zubereitungszeit: ***10 Minuten***

Ein veganes Kochbuch ohne Hummus? Geht gar nicht. Es ist nahrhaft und enthält viele wichtige Proteine und Eisen für uns Veganer und Veganerinnen. Dass es megalecker ist, müssen wir hier wohl nicht erwähnen. Selbst gemacht schmeckt es natürlich gleich noch viel besser. Wir essen es auf Brot oder dippen frisches Gemüse, Gewürzgurken und Cracker darin.

1 Dose Kichererbsen, mit Wasser abgebraust | **¾ TL Salz** | **¼ TL Zucker** | **2 TL Zitronensaft** (optional: Limettensaft) | **120 g Tahini** | **¼–½ l Eiswasser**

ZUM SERVIEREN:

Olivenöl | **geröstete Pinienkerne** | **Granatapfelkerne** | **Kreuzkümmel** | **gemahlener Paprika edelsüß**

Kichererbsen, Salz, Zucker und Zitronensaft im Blender (Mixer) kurz auf der untersten Stufe vermengen, die Konsistenz ist dann sehr stückig. Tahini hinzufügen und wieder auf der ersten Stufe mit dem Mixen beginnen, langsam unter Zugabe von Eiswasser weitermixen. Nach und nach höher schalten (je weicher die Masse wird, desto höher kann geschaltet werden), bis die richtige cremige Konsistenz erreicht ist. Die Konsistenz ist sehr wichtig und am Ende sollte es möglich sein, das Hummus auf höchster Stufe zu mixen.

Abschmecken und bei Bedarf mit Salz, Zitrone, Zucker oder Tahini nachwürzen.

Zum Servieren in einer schönen Schale anrichten und Olivenöl darüberträufeln. Wahlweise mit Pinienkernen, Granatapfelkernen und ein paar Gewürzen pimpen.

LEBERWURST AUS KIDNEYBOHNEN

Zubereitungszeit: ***10 Minuten***

Wir waren mit der Familie in Texas – ein Landkreis in Mecklenburg-Vorpommern, bekannt für Rotwild und Bio-Rinder. Unser Gastgeber Joel sah es als sportliche Aufgabe an, auch uns Veganer zu beglücken, und somit stellte er neben seinen stolzen Fleischgerichten auch vegane Beilagen für uns hin. Vor allem eine der »Leberwürste« hatte es uns angetan und war immer als Erstes weg. Auf Nachfrage stellte sich heraus, dass der »Fleischesser« sich dieses Rezept selbst ausgedacht hat und sich einfach von seinem eigenen Geschmack hat leiten lassen!

1 TL Kokosöl
2 Zwiebeln, geschält, klein gewürfelt
1 Apfel, entkernt, gewürfelt
250 g Kidneybohnen (entspricht einer kleinen Dose)
1 TL Rauchsalz
1 TL geräuchertes Paprikapulver
frisch gemahlener schwarzer Pfeffer nach Belieben

Das Kokosöl in einer Pfanne erhitzen und die Zwiebeln mit der Hälfte der Apfelwürfel 5 Minuten andünsten.

Beides zusammen mit den Kidneybohnen, dem Rauchsalz und dem Paprikagewürz in einen Mixer geben und mixen. Mit Salz und Pfeffer abschmecken. Mit einem Silikonspachtel alles in eine kleine Schüssel geben und zum Schluss die andere Hälfte der Apfelwürfel einfach unter die Masse heben.

FARINATA MIT ZWIEBELCHUTNEY

Die erste Begegnung mit dieser wunderbaren Speise hatten wir auf Sizilien. Dort isst man Farinata (auch Panelle oder Cecina genannt) auf Brot. Wie alle anderen italienischen Rezepte stammt auch dieses von Alessia, mit der Regine seit Jahren zusammen für Yoga-Retreats kocht. Die Kombination mit dem Zwiebelchutney ist unglaublich lecker!

FÜR DIE FARINATA:

Zubereitungszeit: ***5 Minuten*** *// Einwirkzeit:* ***12 Stunden*** *// Backzeit:* ***ca. 35–40 Minuten***

250 g Kichererbsenmehl | **1400 ml Wasser** | **Olivenöl** (viel!) | **½ TL Salz** | Gewürze und Belag nach Belieben: **Oregano, Thymian, Rosmarin, Kapern, Oliven, getrocknete Tomaten etc.**

DU BENÖTIGST: **Backpapier** | **1 Blech** (mit hohem Rand)

In einen Behälter Kichererbsenmehl und Wasser geben und mit einem Schneebesen gut durchmischen, sodass keine Klümpchen bleiben. Dann das Gefäß schließen und über Nacht in den Kühlschrank stellen.

Den Backofen auf circa 200 °C Umluft vorheizen und ein Blech mit Backpapier auslegen, welches über den Rand hinausragt. Es sollte so liegen, dass nichts unter oder neben das Papier laufen kann. Danach großzügig mit einem Pinsel Olivenöl auf dem Backpapier verteilen.

Die Mischung vom Abend aus dem Kühlschrank holen und ein paarmal kräftig umrühren. Mit einer Suppenkelle nun ein paar Löffel der Mischung auf das Olivenöl schöpfen, etwa 0,5–1 cm dick. Es kann also gut sein, dass die Mischung für zwei Bleche reicht. Dann alles mit ein paar Prisen Salz und Gewürzen verfeinern und optional auch Kapern, Oliven und getrocknete Tomaten hinzufügen.

Vorsichtig das Blech in den Backofen schieben und circa 35–40 Minuten backen. Es sollte eine richtig schöne braune Kruste entstehen und nicht mehr feucht sein. Wenn die Farinata fertig ist, samt Backpapier aus dem Blech herausheben, kurz abkühlen lassen, dann in Streifen oder Vierecke schneiden, um sie leicht vom Papier zu lösen.

FÜR DAS ZWIEBELCHUTNEY:

ergibt ***1–2 Marmeladengläser*** *// Zubereitungszeit:* ***5 Minuten*** *// Kochzeit:* ***1,5 Stunden***

5 EL Olivenöl | **5 große Zwiebeln** (wahlweise rot oder weiß), geschält, halbiert, in dünne Streifen geschnitten | **5 getrocknete Chilis** (bei Bedarf mehr) | **1½ EL roter oder weißer Balsamicoessig** | **½ TL Zucker** | **1½ TL Rauchsalz** (oder normales Salz)

DU BRAUCHST: **Marmeladengläser oder Einweckgläser mit Deckel, mit heißem Wasser ausgespült**

In einem Topf oder einer großen Pfanne das Olivenöl auf mittlerer Stufe erhitzen und die Zwiebeln und Chilis hineingeben. Anfangs muss man noch ein wenig öfter umrühren, damit die Zwiebeln richtig schön glasig werden.

Dann die Hitze reduzieren, Balsamico, Zucker und Salz hinzufügen und das Ganze für bis zu 1,5–2 Stunden vor sich hin köcheln lassen (je länger, desto besser). Immer wieder umrühren.

Dann alles in gereinigte Gläser mit passendem Deckel geben und komplett abkühlen lassen. Es hält sich im Kühlschrank mehrere Wochen.

Das Zwiebelchutney passt hervorragend zu Farinata oder gerösteten Semmelknödeln, und sonst eigentlich zu allem, was noch etwas Würzig-Deftiges gebrauchen kann – Kartoffelbrei, Polenta oder einfach aufs Brot!

GEIL DANEBEN

BLUMENKOHLGRATIN MIT TOMATEN

für ***4 Portionen*** *// Zubereitungszeit:* ***5 Minuten*** *// Koch- und Backzeit:* ***30 Minuten***

Dieses Blumenkohlgratin kocht sich eigentlich von selbst. Durch die Tomaten und die Sahne erhältst du eine wirklich leckere Sauce, die einfach perfekt mit Brot getunkt werden kann.

1 großer Kopf Blumenkohl, geviertelt, Strunk und Blätter entfernt | **1 l Gemüsebrühe** | **250 ml Sojasahne** | **2 EL Cashewkerne** | **1 EL Hefeflocken** | **1 TL Tapiokastärke** | **1 EL Rauchsalz** | **1 TL geräuchertes Paprikapulver** | **½ TL gemahlener Koriander** | **1 Prise Muskat** | **½ TL frisch gemahlener schwarzer Pfeffer** | **1 Dose (440 g) Tomaten**, gehackt | **1 TL Zucker** | **etwas gemahlener Paprika edelsüß**

Den Backofen auf 220 °C Umluft vorheizen.

In einem großen Topf den Blumenkohl in der Brühe zum Kochen bringen und in 10–15 Minuten bissfest garen.

Währenddessen Sahne, Cashewkerne, Hefeflocken, Tapiokastärke, Salz, das geräucherte Paprikapulver, Koriander, Muskat und Pfeffer in einen Blender (Mixer) geben und zu einer cremigen Sauce mixen.

Wenn der Blumenkohl fertig ist, die Tomaten aus der Dose in eine ofenfeste Form gießen. Den Zucker über die Tomaten streuen, den abgetropften Blumenkohl in die Tomaten legen und die Sauce darübergeben. Mit etwas edelsüßem Paprikapulver bestreuen, eventuell mit etwas Salz und Pfeffer nachwürzen und für 15 Minuten in den Backofen geben.

Dazu passen sehr gut Kartoffeln oder frisches Brot zum Tunken!

BLUMENKOHL AUS DER PFANNE

für ***4 Portionen*** *// Zubereitungszeit:* ***5 Minuten*** *// Kochzeit:* ***20 Minuten***

Blumenkohl fühlt sich auch in der Pfanne sehr wohl, er nimmt nämlich sehr gut den Geschmack von Saucen auf. Hier kochen wir den Blumenkohl kurz, verarbeiten ihn dann aber weiter in der Pfanne, wo auf die Röschen ein herrliches Gewürzbad wartet.

Salz | **1 Blumenkohl**, in kleine Röschen geteilt (optional: TK-Blumenkohl) | **1½ EL Kokosöl** | **2 TL Rauchsalz** | **¼ TL gemahlene Kurkuma** | **½ TL gemahlener Paprika edelsüß** | **½ TL gemahlener Koriander** | **½ TL gemahlener Kreuzkümmel** | **¼ TL gemahlener Ingwer** | **etwas frisch gemahlener schwarzer Pfeffer**

OPTIONAL: **1 Handvoll Mandelblättchen**, frisch angeröstet

In einem Topf mit Salzwasser den Blumenkohl circa 10 Minuten weich kochen, aber nicht zu weich, da er in der Pfanne noch nachgart. Er sollte also noch bissfest sein.

In einer Pfanne das Kokosöl erhitzen und, während es schmilzt, bereits alle Gewürze hineingeben und miteinander vermengen. Es entsteht so etwas wie eine Paste. Dann den gekochten und abgetropften Blumenkohl in die Pfanne geben und mit der Paste verrühren. Der Blumenkohl sollte von allen Seiten nun schön gelb sein. Die mittlere Hitze beibehalten und den Blumenkohl noch weitere 5 Minuten, wahlweise auch länger, anbraten. Die Mandelblättchen kurz vor dem Servieren untermengen.

BLUMENKOHL IST BEI UNS ZU HAUSE EIN SEHR GERN GESEHENER GAST AM ESSTISCH. ER IST SUPERLECKER, GESUND UND ZUDEM GIBT ES IHN JA AUCH FAST DAS GANZE JAHR ÜBER IM SUPERMARKT. AUSSERDEM KANN MAN IHN AUF SO VIELFÄLTIGE ARTEN ZUBEREITEN UND ER IST SO SCHÖN GEFÄLLIG, WAS DIE WÜRZUNG ANGEHT. DESWEGEN STELLEN WIR EUCH HIER DIREKT DREI UNSERER LIEBLINGSGERICHTE MIT BLUMENKOHL VOR.

GANZER BLUMENKOHL MIT SEMMELBRÖSEL»BUTTER«

für ***4 Portionen*** *// Zubereitungszeit:* ***5 Minuten*** *// Kochzeit:* ***20 Minuten***

Unsere Kinder (und ja, auch wir) lieben dieses Gericht sehr. Und pssst ... die Kids nehmen so eine Menge Vitamine zu sich, ohne es zu merken. Wer es bunter mag, kann gerne noch Brokkoli und Kartoffeln und dann einfach etwas mehr vegane Semmelbröselbutter dazugeben. Die ist übrigens eine der Leibspeisen von Janoschs kleinem Tiger!

1 Kopf Blumenkohl, äußere Blätter entfernt
1 + 1 ½ TL Salz
125 g Alsan
3 EL Semmelbrösel

Den ganzen Blumenkohl in einem Topf platzieren, sodass der Deckel noch obendrauf passt. Dann den Topf mit Wasser halb auffüllen, 1 TL Salz zufügen und das Wasser zum Kochen bringen. Dann die Temperatur reduzieren und noch etwa 15 weitere Minuten kochen. Der Blumenkohl sollte nicht zerfallen, aber schon weich gekocht sein. Mit der Gabel anstechen und überprüfen, ob die Konsistenz weich genug ist.

Während der Blumenkohl kocht, die Alsan in einem kleinen Topf langsam zerschmelzen, dann die Semmelbrösel und 1 ½ TL Salz einrühren und vom Herd nehmen.

Den Blumenkohl am Stück auf einer Platte servieren und die Semmelbröselbutter darübergießen.

Vorsicht: Die Semmelbröselbutter ist bei Kindern hart umkämpft, weshalb wir lieber gleich die doppelte Menge machen und als Sauce mit auf den Tisch stellen. Sie eignet sich nämlich auch hervorragend als Sauce für Kartoffeln, die wir gerne mit diesem Gericht kombinieren und die auf den Kindertellern förmlich in Semmelbröselbutter baden.

GANZ NEBENBEI: ***Semmelbröselbutter passt auch super zu weißem und grünem Spargel!***

KROSSE OFENGEBACKENE QUETSCHKARTOFFELN MIT MINZ-ZAZIKI

als Beilage für ***4 Personen***

Kartoffeln sind langweilig? Aber nicht doch. In dieser Variante sind sie superlecker und supereinfach gemacht. Dank der »Butter« wird die Schale noch mal extra crunchy. Kein Wunder, dass die kleine Quetschkartoffel mittlerweile ein echter Social-Media-Star ist (#smashedpotatoes hört sich doch auch gleich viel geschmackvoller an, oder?). Sie schmecken toll als Beilage oder mit Zaziki.

FÜR DIE QUETSCHKARTOFFELN:

Zubereitungszeit: ***5 Minuten*** *// Koch- und Backzeit:* ***50 Minuten***

1,5 kg Kartoffeln, ungeschält | **2 EL Öl** | **1–2 TL Salz** (Rauchsalz oder anderes Salz) | **1–2 TL** Gewürze nach Belieben: **gemahlener Paprika edelsüß und/oder scharf, Rosmarin, Kurkuma, Cayennepfeffer, frisch gemahlener schwarzer Pfeffer etc.**

OPTIONAL: **»Butterflocken« aus Alsan**

Die Kartoffeln in einem großen Topf circa 15–20 Minuten kochen (je nach Größe der Kartoffeln variiert die Kochzeit). Die Kartoffeln sollten von der Gabel rutschen, aber noch nicht zerfallen); mithilfe eines Siebs nach der Kochzeit aus dem Kochtopf holen.

Die Kartoffeln nun auf einem Backblech verteilen mit einem leeren Glas oder einer Tasse vorsichtig zerquetschen. Das Öl, Salz und Gewürze über die Kartoffeln geben, nach Belieben Alsanflocken darauf verteilen und für mindestens 35–40 Minuten im Backofen bei 200 °C kross braten.

Gerne noch einmal 3–5 Minuten die Grillfunktion am Schluss betätigen.

FÜR DAS ZAZIKI:

für ***4 Portionen*** *// Zubereitungszeit:* ***5 Minuten***

1 Salatgurke, geschält, die Kerne entfernt, geraspelt | **1 ½ TL Salz** | **500 g Soja-Alternative zu Quark** | **1 Knoblauchzehe**, geschält und gepresst | **1 Handvoll frische Minze**, klein gehackt | **1 Prise frisch gemahlener schwarzer Pfeffer**

Der erste Vorgang ist optional und wenn es schnell gehen muss, kann man diesen Schritt auch weglassen: Die Flüssigkeit der geraspelten Gurke mithilfe eines Küchenhandtuchs ausdrücken.

Das Salz mit der Gurke vermengen, Sojaquark hinzufügen und vermengen. Knoblauch und Minze hinzufügen und mit Salz und Pfeffer abschmecken.

SESAM-BROKKOLI

für ***4 Portionen*** *// Zubereitungszeit:* ***5 Minuten*** *// Kochzeit:* ***10 Minuten***

Wahnsinnig simpel, wahnsinnig lecker! ... und so gesund! Brokkoli ist der Held unter den Gemüsesorten, was Nährstoffe angeht. Wir machen immer etwas mehr als nötig von diesem Gericht, denn wir lieben die Reste am nächsten Tag – kalt aus dem Kühlschrank als schnellen Lunch.

700 g Brokkoli, in Röschen geteilt
2 EL geröstetes Sesamöl (Sesamöl aus gerösteten Sesamsamen)
1 TL Salz
1 TL Rauchsalz
1 EL schwarze Sesamsamen
1 EL weiße Sesamsamen

OPTIONAL: **frische oder getrocknete Chili**

Wasser in einem Topf erhitzen und den Brokkoli 7–10 Minuten blanchieren, er sollte noch bissfest sein. Das Wasser abgießen, dann Sesamöl und Salz vorsichtig untermengen.

Vor dem Servieren mit Sesamsamen bestreuen.

GRATINIERTER FENCHEL MIT BÉCHAMELSAUCE

für ***4 Portionen*** *// Zubereitungszeit:* ***5 Minuten*** *// Backzeit:* ***30 Minuten***

Resteessen – wir lieben es. Ein buntes Potpourri aus allem, was es in den letzten Tagen gab. Dieses Gericht ist perfekt für übrig gebliebene Béchamelsauce. Natürlich kannst du statt Fenchel fast jedes beliebige andere Gemüse nehmen und mit Sauce und veganem Parmesan für circa 30 Minuten in den Backofen schieben. Du wirst nicht enttäuscht sein!

2–3 Fenchelknollen, geachtelt
(optional: Brokkoli, Blumenkohl, Süßkartoffel, Möhren, Kartoffeln, Kürbis)
übrig gebliebene **Béchamelsauce** (Rezept Seite 110)
3 TL Mandel-Parmesan (Rezept Seite 110)

Den Backofen auf 180 °C Ober-/Unterhitze vorheizen.

Den Fenchel mit der Sauce vermengen und dann die Hälfte in eine Auflaufform geben, 1 TL Mandel-Parmesan darüberstreuen. Den Rest des Fenchels und des Parmesans darübergeben und für 30 Minuten in den Backofen schieben, bis sich eine braune Kruste gebildet hat.

FENCHEL MEDITERRAN AUS DEM OFEN

für ***4 Portionen*** *// Zubereitungszeit:* ***10 Minuten*** *// Backzeit:* ***30 Minuten***

Dieses Gericht hat es in sich, und das ganz ohne großen Aufwand. Auch diese Rezeptperle stammt aus italienischer Hand und schmeckt nach Meer und Urlaub. Es ist so schnell gemacht und wird quasi ganz von allein im Ofen perfekt. Auch die Fenchelknolle ist hier zu Hause – und was gibt es Besseres als regionales Gemüse?

2–3 Fenchelknollen, Enden und Strünke entfernen, geachtelt
50 ml Öl
3–4 Knoblauchzehen, geschält
2 EL in Salz eingelegte Kapern, gewaschen
1 große Tomate, in kleine Stücke geschnitten (optional: 1 Handvoll Kirschtomaten, halbiert)
3 Prisen Salz (optional: Rauchsalz)
1 Prise frisch gemahlener schwarzer Pfeffer

OPTIONAL: **Oliven statt Kapern oder beides**

Den Backofen auf 180 °C Ober-/Unterhitze vorheizen.

Alle Zutaten miteinander vermengen. In eine große Auflaufform geben und für 30–40 Minuten in den Backofen geben, bis der Fenchel schön weich gebacken ist.

RÖSTI

ergibt ***10–14 Puffer*** *// Zubereitungszeit:* ***10 Minuten*** *// Ruhezeit:* ***10 Minuten*** *// Kochzeit:* ***10 Minuten***

Ein echter Klassiker und mit wenig Zutaten gezaubert. Natürlich hast du hier einen ganz klaren Vorteil, wenn du eine Küchenmaschine besitzt, die deine Kartoffeln für dich blitzschnell raspelt. Eine Handreibe tut es aber auch. Dazu passen Salat, Zaziki, Tomatensauce oder Apfelmus mit Zimt (ja, trotz der Zwiebeln!).

1,5 kg Kartoffeln, geschält, geraspelt
2 Zwiebeln, geschält, geraspelt
3 EL Kartoffelmehl
3 EL Haferflocken
3 TL Salz
2 Prisen Muskat
Öl zum Ausbacken: **Kokosöl oder Bratöl**

DU BENÖTIGST: **einen Servierring oder etwas ähnliches rundes**

Die geriebenen Kartoffeln und Zwiebeln für circa 10 Minuten in kaltem Wasser einweichen. Abgießen, abspülen und dann mit einem Küchenhandtuch ausdrücken.

Alle anderen Zutaten zu der Masse hinzufügen und mit den Händen kneten.

Ausreichend Öl in eine Pfanne geben und erhitzen. Den Servierring in der Pfanne platzieren und mit der Kartoffelmasse füllen. Kurz warten, bis die Kartoffelmasse fest ist, dann den Ring vorsichtig abnehmen und einen weiteren Rösti mithilfe des Rings formen. So viele Rösti, wie Platz haben, in die Pfanne geben und 3–5 Minuten pro Seite braten.

Damit die schon gebratenen Rösti nicht auskühlen, können sie bei 50–80 °C im Backofen warm gehalten werden. Sollten sie sehr fettig sein, vorher noch kurz auf ein Küchentuch legen. Es sollte immer ausreichend Fett in der Pfanne sein, sonst kleben die Rösti an oder braten nicht so gut.

STANGENBOHNEN IN TOMATENSAUCE

für ***4 Portionen*** *// Zubereitungszeit:* ***15 Minuten*** *// Kochzeit:* ***30 Minuten***

Natürlich müssen es nicht unbedingt Stangenbohnen sein. Du kannst genauso grüne Bohnen, Prinzessbohnen oder sogar Kichererbsen nutzen. Das »Besondere« hier sind die Zwiebeln, die von Anfang an mitgekocht und eben nicht angebraten werden. Dadurch entsteht ein leckerer, würziger Sud, der durch die Gewürze etwas an die türkische Küche erinnert. Die Minze ist die Krönung des Ganzen!

300 ml Wasser (wenn die Sauce nicht so flüssig sein soll, dann eventuell weniger Wasser oder am Ende etwas Kartoffelmehl hinzufügen)
500–600 g Stangenbohnen, Spitzen gekürzt, in circa 3 cm breite Stücke geschnitten (optional: grüne Bohnen, Kichererbsen aus der Dose etc.)
3 Tomaten, grob gewürfelt
2 Zwiebeln, geschält, in dünne Streifen geschnitten
2 EL Tomatenmark
1 EL Gemüsebrühe
⅛ TL gemahlener Cayennepfeffer
¼ TL gemahlener Ingwer
1 ½ TL gemahlene Kurkuma
⅔ TL gemahlener Kreuzkümmel
½ TL gemahlener Koriander
½ TL gemahlener Paprika edelsüß
⅛ TL frisch gemahlener schwarzer Pfeffer
½ Bund frische Minze, gehackt

Wasser, Bohnen, Tomaten und Zwiebeln in einen großen Topf geben und einmal aufkochen. Dann die Hitze reduzieren, das Tomatenmark, die Brühe und alle Gewürze dazugeben und kräftig umrühren. Ungefähr 20 Minuten köcheln lassen, bis die Bohnen weich sind. Dann die frische Minze hineingeben und bei Bedarf mit Zucker abschmecken. Mit der Minze zusammen noch einmal 5 Minuten köcheln lassen, eventuell mit noch etwas mehr Zucker abschmecken und dann servieren.

Kartoffelpüree, Brokkoli, Blumenkohl – hier passt so vieles dazu, denn die Bohnen liefern gleich die Sauce mit.

GRÜNER SPARGEL AUS DEM OFEN MIT TOMATEN UND AHORNSIRUP

für **4 Portionen** // *Zubereitungszeit:* **10 Minuten** // *Backzeit:* **15 Minuten**

Wir können uns nie wirklich entscheiden, ob wir grünen oder weißen Spargel kochen sollen, hier spaltet sich die Familie erheblich. Bei diesem Rezept sind wir aber wieder vereint, denn die Kombination mit den gebackenen Zwiebeln und Tomaten, gewürzt mit Ahornsirup und Rauchsalz, bekommt dem grünen Spargel nur zu gut. Du kannst dieses Gericht auch wunderbar in einer feuerfesten Schale auf dem Grill zubereiten.

500 g grüner Spargel, geputzt, die holzigen Enden entfernt | **1 Handvoll Kirschtomaten**, halbiert (optional: 1–2 Tomaten, in Würfel geschnitten) | **1 Zwiebel**, geschält, in Würfel geschnitten | **2 EL Öl** | **1 EL Rauchsalz** | **1–2 EL Ahornsirup**

Den Backofen auf 175 °C Ober-/Unterhitze vorheizen.

Den Spargel in eine Form platzieren und die Tomaten- und Zwiebelwürfel drum herum geben. Öl, Salz und Ahornsirup gleichmäßig über dem Gemüse verteilen und für 10–15 Minuten in den Backofen schieben.

Dazu passen Salate, Kartoffeln … oder genieße den Spargel einfach so.

KÜRBIS ODER SÜSSKARTOFFEL AUS DEM OFEN MIT »FETA«

für ***4 Portionen*** *// Zubereitungszeit:* ***10 Minuten*** *// Backzeit:* ***mindestens 25 Minuten***

Dieses schnelle Kürbis- oder Süßkartoffelgericht schmeckt nicht nur köstlich – man kann das Rezept auch für viele andere Gemüsesorten verwenden, die dringend verkocht werden müssen: Rote Bete, Möhren, Pastinaken, Petersilienwurzel und so weiter … Der Feta wird erst am Ende darübergestreuselt, da die vegane Version der Hitze nicht standhält und sonst ins Nichts verläuft.

500–600 g Hokkaido-Kürbis, Butternut-Kürbis oder 2 Süßkartoffeln, in mundgerechte Würfel oder Scheiben geschnitten
1 Handvoll Kirschtomaten oder 1–2 Tomaten, halbiert oder in Würfel geschnitten
1 große Zwiebel, geschält, in Würfel geschnitten
3 Knoblauchzehen, geschält
1–2 EL Öl
1 TL Rauchsalz
je 2 Prisen gemahlener Paprika edelsüß, gemahlene Kurkuma und **frisch gemahlener schwarzer Pfeffer**
1 TL Ahornsirup
1 Handvoll Pinienkerne
½ Packung veganer Feta

OPTIONAL: **frische Chili**

Den Backofen auf 200 °C Umluft vorheizen.

Auf einem Backblech das Gemüse gleichmäßig verteilen und darauf achten, dass es nicht übereinanderliegt. Dann Öl, Rauchsalz und Gewürze über das Gemüse geben und alles noch einmal mischen; optional auch frische Chili klein geschnitten untermischen. Den Ahornsirup mit den Pinienkernen ganz zum Schluss darüber verteilen und für mindestens 25 Minuten in den Backofen geben. Je nach Ofenart kann am Ende eventuell noch 2–3 Minuten die Grillfunktion eingeschaltet werden.

Den veganen Feta nach dem Backen zerbröseln und über das Gemüse streuen.

ROSENKOHL MIT MISO-AHORNSIRUP-GLACE UND PEKANNÜSSEN

für **4 Portionen** // *Zubereitungszeit:* **5 Minuten** // *Backzeit:* **15 Minuten**

Pssst ... Regine mag gar keinen Rosenkohl. Aber Ansgar liebt ihn dafür umso mehr. Da wir diesen Konflikt lösen mussten, haben wir eine Version gefunden, mit der wir beide zufrieden sind. Der Rosenkohl wird hier nicht gekocht, sondern gebacken. Miso und Ahornsirup sind eine sehr interessante Kombination und die Pekannüsse geben dem Gericht noch den nötigen Biss.

2 EL Kokosöl
Saft von ½ Zitrone oder Limette
1½ EL Ahornsirup
1 EL Misopaste
1 TL Salz oder Rauchsalz
frisch gemahlener schwarzer Pfeffer
300 g frischer Rosenkohl, geputzt, Strünke und äußere Blätter entfernt, teilweise halbiert (optional: TK-Rosenkohl)
40 g Pekannüsse (optional: Walnüsse)

Den Backofen auf 180–200 °C Ober-/Unterhitze vorheizen.

Kokosöl, Zitronensaft, Ahornsirup, Misopaste, Salz und Pfeffer in einem Blender (Mixer) kurz zu einer homogenen Sauce mischen. Den Rosenkohl und die Nüsse in eine Schüssel geben, die Sauce darübergießen und gut vermengen, damit alles mit der Sauce bedeckt ist.

Den glasierten Rosenkohl samt Nüssen in eine ofenfeste Auflaufform geben und für 15 Minuten in den Backofen schieben. Bei Bedarf noch etwas salzen.

Schmeckt kalt genauso gut wie warm!

KARTOFFELSTAMPF RELOADED MIT GRÜNEN TAMARI-BOHNEN

Warum immer klassisch, wenn es so einfach auch anders geht? Hier können viele Gemüsesorten verarbeitet werden. Die Hauptzutat ist und bleibt die Kartoffel, denn wir brauchen auf jeden Fall die Stärke. Was du dann noch dazupackst, ist deiner Fantasie überlassen. Deftig, würzig und unkompliziert, kann dieses Gericht ganz nebenher zubereitet werden.

FÜR DEN KARTOFFELSTAMPF:

für ***4 Portionen*** *// Zubereitungszeit:* ***10 Minuten*** *//*
Backzeit: ***25 Minuten*** *// Kochzeit:* ***15 Minuten***

500 g Gemüse (z. B. Möhren, Knollensellerie, Pastinake, Petersilienwurzel, Fenchel), geputzt und in grobe Stücke geschnitten | **1–2 Zwiebeln**, geschält, in Würfel geschnitten | **1 EL Bratöl** | **1 TL Salz** | **1 kg Kartoffeln**, geschält, in grobe, gleich große Teile geschnitten | **1–2 EL Alsan** | **2–3 Prisen gemahlener Muskat** | **1 TL Salz** | **240 ml ungesüßte pflanzliche Milch**

OPTIONAL: **Röstzwiebeln**

Das Gemüse (ohne Möhren!) mit den Zwiebeln in eine ofenfeste Form geben, alles mit Öl und Salz vermischen und für etwa 15–20 Minuten in den Backofen schieben. Kartoffeln und Möhren in einem Topf mit Salzwasser in ungefähr 20 Minuten weich kochen. Wenn das Gemüse schön angebräunt ist, die Form aus dem Ofen nehmen und kurz abkühlen lassen. Das Wasser der Kartoffeln abschütten.

VARIANTE 1: Das Gemüse (ohne Kartoffeln!) in einen Hochleistungsmixer geben und alles zu einem schönen Brei pürieren. Diesen Brei nun mit den Kartoffeln, Alsan, Muskat, Salz und Milch mithilfe eines Kartoffelstampfers weich drücken, bis die gewünschte Konsistenz erreicht ist.

VARIANTE 2: Das Gemüse zusammen mit den Kartoffeln, Alsan, Muskat, Salz und Milch mithilfe eines Kartoffelstampfers stampfen, dann bleibt es stückiger.

FÜR DIE TAMARI-BOHNEN:

für ***4 Portionen*** *// Zubereitungszeit:* ***10 Minuten*** *//*
Kochzeit: ***mindestens 25 Minuten***

600 g grüne Bohnen (TK oder frisch), frische Bohnen: Enden abschneiden | **2 EL Öl (Bratöl oder Kokosöl)** | **2 große rote Zwiebeln**, geschält, halbiert und in Streifen geschnitten | **1–2 EL Tamari**

OPTIONAL: bei Bedarf noch **ein wenig Rauchsalz** | **1 TL Bohnenkraut** | wer es scharf möchte: **½ frische Chili**, klein geschnitten

In einem großen Topf mit Wasser die Bohnen für 6–8 Minuten kochen.

Öl in eine große Pfanne geben und auf mittlerer Stufe erhitzen. Erst die Zwiebelstreifen und, wenn es lecker zu duften beginnt, die gekochten Bohnen in die Pfanne geben. Beides zusammen 10–15 Minuten anbraten, dabei immer wieder umrühren. Wenn die Zwiebeln richtig schön durchgebraten sind, das Tamari in die Pfanne geben und die Hitze ein wenig reduzieren. Wer es schärfer oder auch salziger möchte, kann nun etwas Rauchsalz, das Bohnenkraut oder etwas Chili in die Pfanne geben.

Noch mindestens weitere 10 Minuten garen lassen. Hier gilt: Je länger es gart, desto intensiver ist das Aroma.

GRÜNKOHL ODER SPINAT MIT WEISSEN BOHNEN UND KNOBLAUCH

für ***4 Portionen*** *// Zubereitungszeit:* ***10 Minuten*** *// Kochzeit:* ***15 Minuten***

Eigentlich ist das ein Grünkohl-Gericht, aber aus der Not heraus haben wir es mit Spinat gekocht. Und siehe da, es klappt genauso. Durch die Bohnen wird es ein nahrhaftes und geschmacksintensives Gericht, das man einfach so oder als Beilage zu Kartoffeln und Co. genießen kann. Der Feta ist optional, sieht aber einfach schön aus – und schmeckt natürlich sehr lecker.

2 EL Kokosöl | **3 Knoblauchzehen**, geschält, in dünne Scheiben geschnitten | **1 Dose (400 g) weiße Bohnen**, unter fließend kaltem Wasser abgespült | **750 g frischer Grünkohl**, Stiele entfernt, in kleine Stücke gezupft, **oder 750 g frischer Spinat** | **1 EL Hefeflocken** | **1–2 TL Rauchsalz oder Salz** (Spinat braucht eventuell etwas mehr als Grünkohl!) | **frisch gemahlener schwarzer Pfeffer** nach Belieben | **¼ TL gemahlener Kreuzkümmel**

OPTIONAL: **geröstete Pinienkerne** | **zerbröselter veganer Feta**

Das Kokosöl in einer Pfanne zum Schmelzen bringen und den Knoblauch zugeben. Bei mittlerer Hitze anbraten; dies ist einer der wenigen Fälle, in denen der Knoblauch so richtig braun angebraten werden darf, denn das gibt dem Gericht den intensiven Geschmack.

Ist der Knoblauch gebräunt, die Bohnen und dann Grünkohl oder Spinat hinzufügen. Mit Hefeflocken, Salz, Pfeffer und Kreuzkümmel würzen und für circa 8 Minuten anbraten. Der Kohl soll noch knackig sein, aber gleichzeitig weich.

Alles auf einem Servierteller anrichten und nach Geschmack mit gerösteten Pinienkernen und zerbröseltem veganen Feta anrichten.

TIPP: ***Natürlich kann man dieses Gericht auch mit Tiefkühlspinat beziehungsweise -grünkohl zubereiten, dann aber bitte die Maßeinheiten insgesamt etwas anpassen.***

KNOLLENSELLERIE- UND KRÄUTERSEITLING-CHIPS

für ***4 Portionen*** *// Zubereitungszeit:* ***10 Minuten*** *// Backzeit:* ***25 Minuten***

Knollensellerie war bei uns lange nur das typische Gemüse für Brühen. Mehr haben wir damit nicht gekocht. Bis wir begonnen haben, diese wundervolle Knolle auch im Garten anzubauen und uns mehr mit ihr zu beschäftigen. Mittlerweile ist sie zu unserem absoluten Favoriten avanciert und wir haben immer eine große Knolle im Kühlschrank.

½ großer Knollensellerie, geschält, in sehr dünne Scheiben und 1 cm breite Streifen geschnitten
300 g Kräuterseitlinge, geputzt, in sehr dünne Scheiben geschnitten
2 EL Öl
1–2 TL Salz oder Rauchsalz

Den Backofen auf 200 °C Ober-/Unterhitze vorheizen.

Das Gemüse wie beschrieben vorbereiten. Je dünner die Scheiben sind, desto schneller wird alles kross.

Die Sellerie- und Pilzscheiben auf einem Backblech verteilen, ohne dass sie übereinanderliegen. Die Pilze schrumpfen ziemlich ein, deshalb können sie wirklich eng aneinandergelegt werden. Nun das Öl und das Salz über das Gemüse geben und das Blech für etwa 25 Minuten in den Backofen schieben, bis der Sellerie und die Pilze kross sind. Je länger sie im Backofen sind, desto krosser wird alles.

SAFTIGE SALATE

BAYERISCHER KARTOFFELSALAT

reicht als Beilage für ***6–8 Personen*** *// Zubereitungszeit:* ***30 Minuten*** *// Einwirkzeit:* ***30 Minuten***

Bayerischer Kartoffelsalat darf auf keinem Grillfest fehlen. Aber zugegeben, meistens spielt er dort die Nebenrolle als leckere Beilage. Mit diesem Rezept verschaffen wir ihm aber endlich die Hauptrolle, die ihm zusteht. Durch das Einweichen der Zwiebeln in der heißen Brühe schmecken sie nicht so scharf, was diesen Salat auch bei Kindern sehr beliebt macht. Wenn du es etwas bunter haben möchtest, schneide noch je eine frische rote und gelbe Paprika in kleinen Würfeln hinein. Erfrischt und sieht schön aus.

1,5 kg ungeschälte Kartoffeln | **2 Zwiebeln**, in kleine Würfel geschnitten | **400 ml heiße Gemüsebrühe** | **2–3 EL mittelscharfer Senf** | **250 g Gewürzgurken**, in kleine Würfel geschnitten (Gurkenwasser aufheben!) | **3 EL Olivenöl** | **1 EL Apfelessig** | **2 EL Gurkenwasser** | **1–2 TL Salz** | **frisch gemahlener schwarzer Pfeffer** nach Belieben

OPTIONAL: **je 1 rote und gelbe Paprika**, entkernt, in kleine Würfel geschnitten | **½ Salatgurke**, in kleine Würfel geschnitten

In einem großen Topf die Kartoffeln mit Schale kochen, bis sie beim Reinstechen von der Gabel rutschen. Je nach Größe kann das 15–20 Minuten dauern. Das Wasser abgießen und abkühlen lassen.

Währenddessen die Zwiebeln in eine Schüssel geben, mit der heißen Gemüsebrühe übergießen und beiseitestellen.

Dann die abgekühlten Kartoffeln schälen und in verschieden große Scheiben und Würfel schneiden und in eine große Salatschüssel geben.

Zu der Zwiebelbrühe nun den Senf einrühren und über die noch warmen Kartoffeln geben. Nacheinander Gurken, Olivenöl, Apfelessig und Gurkenwasser hinzufügen und kräftig untermischen (ja, die Mischung ist nun sehr flüssig!). Bevor das Salz hinzugefügt wird, abschmecken und versichern, dass es nicht zu salzig wird. Nach Belieben nun auch etwas Pfeffer an den Salat geben.

Optional zusätzlich Paprika- und Salatgurkenwürfel untermischen.

Wichtig: Dann 30 Minuten ziehen lassen – nur so können die Kartoffeln die Flüssigkeit aufsaugen.

Vor dem Servieren unbedingt noch einmal abschmecken und bei Bedarf mit Salz und Pfeffer nachwürzen.

ROTE-BETE-DATTEL-SALAT MIT BLÜTENMISCHUNG

für ***4 Personen*** *// Zubereitungszeit:* ***10 Minuten***

Für Blütenmischungen musst du keine Blumenwiese abgrasen, inzwischen gibt es sie standardmäßig in vielen Supermärkten von verschiedenen Herstellern. Wir verwenden sie bei diesem Rezept und bei unserer veganen Kräuterbutter. Sie gibt diesem gleichzeitig süßsauren und auch erdigen Salat die Krönung. Wenn du eine Küchenmaschine hast, die deine Rote Bete klein raspelt, brauchst du für diesen Salat keine 5 Minuten – und er ist so gesund!

1 Handvoll Kürbis- und Sonnenblumenkerne | **500 g Rote Bete**, roh, bei Bedarf geschält, geraspelt | **6 getrocknete und entsteinte Datteln**, klein gehackt | **2 TL Olivenöl** | **2 TL Apfelessig** | **Saft von ½ Zitrone** | **½ TL Ahornsirup** | **½ TL Salz** | **½ TL getrocknete essbare Blüten(mischung)**

Die Kerne in einer Pfanne ohne Öl anbraten, bis sie braun sind. Die geraspelte Rote Bete in eine Salatschüssel geben und mit der Kernmischung und den gehackten Datteln gut durchmischen. Nun die anderen Zutaten dazugeben und wieder kräftig vermischen. Mit Salz und Zitronensaft abschmecken.

TIPP: ***Du kannst dem Salat gerne noch ein bisschen Einwirkzeit geben oder ihn direkt genießen. Du kannst auch einen Teil der Roten Bete mit frischen Möhren ersetzen.***

ROTE-BETE-SALAT MIT »FETA« UND MINZE

reicht für ***4 Personen*** *als Beilage // Zubereitungszeit:* ***10 Minuten***

Einige Hersteller bieten inzwischen so leckeren veganen Feta an, dass man sich fragt, wie die »das Schaf« da wohl reinbekommen. In Kombination mit Roter Bete und Minze macht veganer Feta diesen Salat einfach perfekt. Er passt super im Sommer zu einem Grillabend, schmeckt aber auch im Winter zu Kartoffeln und anderem Gemüse hervorragend. Und das Beste? Es geht alles ganz schnell.

2–3 EL Sonnenblumenkerne | **500 g Rote Bete**, gekocht, in Würfel geschnitten (es gibt die vorgekochte Variante in der Gemüseabteilung inzwischen in fast allen Supermärkten) | **1 Handvoll frische Minze**, klein gehackt | **2 EL Olivenöl** | **1 EL Apfelessig** | **1 TL Ahornsirup** | **etwas Saft von 1 Zitrone** | **½ TL Salz** | nach Belieben **frisch gemahlener Pfeffer** | **200 g veganer Feta**, zerbröselt

Die Sonnenblumenkerne in einer Pfanne ohne Öl 2 Minuten braun rösten. Dann die Rote Bete, die gerösteten Sonnenblumenkerne und die Minze in eine große Salatschüssel geben. Jetzt nacheinander Olivenöl, Apfelessig, Ahornsirup, Zitronensaft sowie Salz und Pfeffer dazugeben und alles mischen. Gerne noch einmal mit Salz, Pfeffer und eventuell Zitronensaft abschmecken. Wenn du mit dem Ergebnis zufrieden bist, gib den zerbröselten Feta obendrauf. Lass es dir schmecken!

PULLED BBQ-JACKFRUIT MIT COLESLAW

reicht als Beilage für ***4–6 Personen***

Mit diesem Gericht kriegst du sie alle! Perfekt beim Grillen, schmeckt mit und ohne Kraut super auf Brot oder als schnelles Mittagessen. Auch wenn es vielleicht durch die vielen Zutaten erst einmal abschreckend wirkt, ist das wirklich keine Zauberei. Wir machen absichtlich immer mehr, als wir auf einmal essen können, da auch dieser Salat am nächsten Tag noch besser schmeckt.

FÜR DIE PULLED BBQ-JACKFRUIT:

Zubereitungszeit: ***20 Minuten***

2 rote (oder weiße) Zwiebeln, geschält und in Würfel geschnitten | **4 EL Bratöl** | **2 Dosen Jackfruit natur**, gewaschen, in kleine Stücke gezupft | **2 ½ EL Ahornsirup** | **2 EL Tamari** | **1 TL Rauchsalz** | **½ TL Chipotle** (Vorsicht, wenn Kinder mitessen sollen!) | **½ TL gemahlener Koriander** | **½ TL gemahlener Paprika edelsüß** | **½ TL gemahlener Ingwer** | **½ TL gemahlene Kurkuma** | **250 ml Tomaten-Passata**

ZUM ABSCHMECKEN:

frisch gemahlener schwarzer Pfeffer

Die roten Zwiebeln scharf in einer Pfanne mit Bratöl braten, bis sie braun werden. Die Jackfruit dazugeben und schön anbraten.

Den Rest der Zutaten der Reihe nach hinzufügen und 15 Minuten köcheln lassen. Abschmecken – hmmm, lecker –, fertig!

FÜR DEN COLESLAW:

Zubereitungszeit: ***10 Minuten***

1 kleiner oder ½ großer Spitzkohl, Weißkohl oder Rotkohl, in sehr feine Streifen geschnitten | **120 g vegane Mayonnaise** | **1–2 EL mittelscharfer Senf** | **1–2 EL Apfelessig** | **1–2 EL Ahornsirup** | **etwas Zitronensaft**

BEI BEDARF: **Salz** | **frisch gemahlener schwarzer Pfeffer** | **Olivenöl**

Den fein geschnittenen Kohl in eine große Salatschüssel geben.

Dann den Rest der Zutaten in einem extra Gefäß zusammenmischen. Die Angaben hier sind so ungenau, da es auf die Größe des Kohls ankommt, aber die Mischung sollte nicht zu scharf oder salzig sein, eher milder, um einen Kontrast zur Jackfruit zu erzeugen.

Ist die Sauce fertig, über den Kohl gießen und ordentlich mischen, sodass das Dressing gut verteilt ist, der Kohl aber nicht darin schwimmt.

Noch einmal abschmecken und dann die Jackfruit oben auf den Coleslaw geben. Guten Appetit!

TIPP: ***Ein Marmeladenglas mit Deckel zum Mischen der Salatsauce benutzen – Zutaten hinein, das Glas gut verschließen und schütteln!***

BLUMENKOHL-TABOULÉ MIT KAPERN UND MINZE

für ***4–6 Personen*** *// Zubereitungszeit:* ***10 Minuten*** *// Einwirkzeit:* ***mindestens 15 Minuten***

Die Idee zu diesem Salat kommt von Regines Schwester aus Frankreich. Wir haben dort einen ähnlichen Salat gegessen und diesen über die Jahre verändert, bis am Ende diese tolle Kreation herauskam. Wetten, dass viele erst mal nicht glauben, dass sie gerade Blumenkohl essen? Die Kapern und Minze bringen den nötigen Kick mit.

500 g Blumenkohl
1 TL Kokosöl
½ rote Chili, gehackt
50 g Cashewkerne (optional: Pistazien)
2 EL in Salz
eingelegte Kapern, gewaschen
1 Handvoll frische Minzblätter
8 getrocknete Aprikosen
(oder: Cranberrys, Datteln etc.), klein gehackt

FÜR DAS DRESSING:
2 EL Olivenöl
2 EL geröstetes Sesamöl
1 TL Rauchsalz
Saft von 1 Zitrone
½ EL Ahornsirup
½ EL Apfelessig

Erst muss der Blumenkohl zu »Reis« verarbeitet werden. Das geht am einfachsten und schnellsten mit einer Küchenmaschine, funktioniert mit einer Handreibe aber genauso gut. Den fertigen Blumenkohlreis in eine Salatschüssel geben. Kokosöl in einer kleinen Pfanne erhitzen, Chili und Cashewkerne hinzugeben und alles 2–3 Minuten anbraten. (Vorsicht: Die Chili im Öl wirkt in der Küche manchmal wie Pfefferspray!) Danach die fertig gerösteten Cashewkerne und Chili zum Blumenkohl geben und mit Kapern, Minze und den gehackten Aprikosen kräftig durchmischen.

Nun alle Zutaten für das Dressing in die Schüssel geben und unter den Blumenkohl mischen. Den Salat für mindestens 15 Minuten ziehen lassen und nach dem Abschmecken noch mal mit Salz und Pfeffer abschmecken.

SPICY ASIA COLESLAW MIT TAMARI-TOFU UND EDAMAME

für ***4–6 Personen*** *// Zubereitungszeit:* ***15 Minuten***

Manche mögen's scharf! Wir lieben die Mischung aus salzig, süß, sauer, scharf und umami (kommt aus dem Japanischen und bedeutet so viel wie »fleischig« oder »würzig«). Grundsätzlich haben wir geschälte Sojabohnen (Edamame) im Tiefkühler. Die kleinen grünen Schoten sind nicht nur gesund und lecker, sie passen auch perfekt in unser Spicy Asia Coleslaw.

150 g TK-Edamame, geschält
1 TL Kokosöl
200 g Tofu natur, in Würfel geschnitten
1 Handvoll unbehandelte Erdnüsse oder Cashewkerne
½ frische Chili, gehackt
500–600 g Rotkohl, Weißkohl oder Spitzkohl, geraspelt oder in sehr dünne Streifen geschnitten
3 große Möhren, geraspelt
1½ EL Sesamöl, geröstet
2 TL Apfelessig
1 TL Ahornsirup
Saft 1 Limette oder ½ Zitrone
1½–2 EL Tamari
je 1 EL schwarze und weiße Sesamsamen
Salz bei Bedarf

OPTIONAL: **1 Handvoll Röstzwiebeln**

Die tiefgekühlte Edamame in einer Schüssel mit heißem Wasser übergießen und beiseitestellen. Das Kokosöl in einer Pfanne erhitzen und die Tofuwürfel, Cashewkerne und Chili circa 10 Minuten anbraten. Vorsicht, heißes Öl und Chili wirken in der Wohnung oft wie Pfefferspray, wenn die Pfanne zu heiß ist! Währenddessen den Kohl und die Möhren in einer großen Salatschüssel mit Sesamöl, Apfelessig, Ahornsirup und Limettensaft mischen. Wenn der Tofu von allen Seiten leicht gebräunt ist – er muss nicht komplett frittiert sein, sondern kann noch weich sein –, die Temperatur etwas herunterdrehen und mit 1 EL Tamari ablöschen. Die Edamame in einem Sieb abgießen und noch mal abspülen, dann mit dem Tofu in die Salatschüssel geben, alles noch mal ordentlich durchmischen und eventuell noch mehr Tamari und Zitronensaft zugeben. Zum Schluss beide Arten von Sesamsamen sowie optional Röstzwiebeln über den Salat streuen – fertig. Guten Appetit!

KICHERERBSENSALAT MIT »FETA« UND KRÄUTERN

für ***4 Personen*** *// Zubereitungszeit:* ***25 Minuten*** *// Einwirkzeit:* ***30 Minuten***

Wir lieben Kichererbsen! Ob als Hummus, im Curry oder eben wie hier im Salat. Die Vinaigrette wird so lange gekocht, bis sie etwas reduziert ist. Die Kräuter verleihen dem Salat eine Frische und der Feta passt einfach perfekt dazu. Dieser Salat kann sehr gut für einen Grillabend oder ein Picknick vorbereitet werden, denn je länger der Salat durchziehen kann, desto besser.

75 ml Olivenöl
2 Zwiebeln, geschält, halbiert, in dünne Streifen geschnitten
1 frische Chili, klein gehackt
2 Knoblauchzehen, geschält, klein gehackt
50 ml Apfelessig
250 ml Wasser
1 TL Gemüsebrühe (bei Bedarf mehr)
1½ TL Salz
1 TL Zucker
400–500 g Kichererbsen (optional: 200 g getrocknete Kichererbsen, über Nacht eingelegt, gewaschen, gekocht)
je ½ Bund frische Petersilie, Minze und Koriander
frisch gemahlener schwarzer Pfeffer
1 Packung veganer Feta, zerbröselt

In einem kleinen Topf das Olivenöl erhitzen. Dann die Zwiebeln, Chili und nach ein paar Minuten den Knoblauch hinzufügen und alles kurz dünsten. Apfelessig, Wasser, Gemüsebrühe, Salz und Zucker hinzugeben, alles einmal aufkochen lassen, die Hitze dann reduzieren und das Ganze für circa 20 Minuten einkochen. Währenddessen die Kichererbsen in einer Schüssel bereitstellen und anschließend mit der Vinaigrette mischen. Alles abkühlen lassen, während das Dressing einzieht. Schließlich alle Kräuter untermischen, mit Salz, Pfeffer und Olivenöl abschmecken und den Feta darüberbröckeln.

NUDELSALAT MIT SPINAT-BASILIKUM-PESTO

für ***4–6 Personen***

Grillen ohne Nudelsalat? Ohne uns. Damit der aber auch richtig was hermacht, kommt unser Nudelsalat mit einem Spinat-Basilikum-Pesto und viel frischem Gemüse daher. Welche frische Rohkost du verwendest, bleibt dir überlassen – am besten ein buntes Allerlei.

FÜR DAS PESTO:

Vorbereitungszeit: ***10 Minuten***

40 g Sonnenblumenkerne (optional: Mandeln, Cashewkerne, Pinienkerne) | **etwas Öl** zum Rösten der Kerne | **ca. ½ TL + etwas mehr Salz** zum Rösten der Kerne | **100 g frischer Spinat** (optional: frischer Rucola) | **1 Handvoll frisches Basilikum** | **2 EL Hefeflocken** | **1 kleine Knoblauchzehe**, geschält | **100 ml Olivenöl**

In einer kleinen Pfanne die Sonnenblumenkerne mit etwas Öl und Salz anrösten. Das dauert nur circa 2 Minuten.

Alle Zutaten in einen Hochleistungsmixer geben und, langsam beginnend, alles mixen. Zwischendurch immer mal wieder mit einem Plastikschaber die Masse vom Rand nach unten schieben und weitermixen, bis die gewünschte Konsistenz erreicht ist. Mit Salz abschmecken.

Das Pesto passt auch perfekt zu Nudeln mit Mandel-Parmesan (siehe Rezept Lasagne Seite 110) oder als Basis auf einem Sandwich.

TIPP: ***Soll das Pesto etwas länger aufbewahrt werden, komplett mit Olivenöl bedecken, dann hält es sich ein paar Tage im Kühlschrank.***

FÜR DEN NUDELSALAT:

Zubereitungszeit: ***20 Minuten*** *// Kochzeit:* ***15 Minuten***

500 g Nudeln (Spirelli, Fusilli oder Penne) | **150 g Kirschtomaten**, halbiert | **1 Zwiebel**, geschält, in Würfel geschnitten | **100 g Pilze** (Shiitake, Champignons etc.), geputzt, geviertelt | **1 EL Olivenöl** | **½ TL Ahornsirup** | **1 TL Rauchsalz** (oder nach Bedarf mehr) | **8 EL Spinat-Basilikum-Pesto** | **½ Salatgurke,** in Würfel geschnitten | **½ Kohlrabi**, geschält, in Würfel geschnitten | **1–2 Frühlingszwiebeln**, in kleine Stücke geschnitten | **8 EL schwarze Oliven** | **1 EL geröstetes Sesamöl** | **frisch gemahlener schwarzer Pfeffer** | **100 g veganer Feta**, in Würfel geschnitten | **1 Handvoll Pinienkerne**, geröstet | **1 Handvoll frisches Basilikum**, die Blättchen in Stücke gezupft

In einem großen Topf die Nudeln nach Packungsanweisung al dente kochen.

Den Backofen auf 175 °C vorheizen. Die Tomaten, Zwiebel und Pilze in einer ofenfesten Form verteilen, mit Olivenöl, etwas Ahornsirup und Rauchsalz bestreuen und für 15 Minuten in den Backofen geben.

Das Pesto mit den abgekühlten Nudeln vermischen. Dann das klein geschnittene Gemüse, das Ofengemüse und die Oliven hinzufügen. Das Sesamöl untermischen und mit Salz und Pfeffer abschmecken. Am Schluss den Feta, die Pinienkerne und das frische Basilikum vorsichtig unterheben.

BELUGALINSEN MIT TAHINI-MISO-DRESSING

für ***4 Personen*** *// Zubereitungszeit:* ***20 Minuten*** *// Kochzeit:* ***11 Minuten***

Dieser Salat ist toll, um Gemüse zu verarbeiten, dessen knackige Zeiten vorbei sind. Hierfür müssen wir nur die Linsen kochen und das klein gewürfelte Gemüse in den Backofen schieben.

FÜR DEN SALAT:

200 g Belugalinsen, mit Wasser abgespült | **200 g Rosenkohlröschen**, geputzt, Strünke und äußere Blätter entfernt, geviertelt (optional: TK-Rosenkohl) | **2 EL Öl** | **½ EL Ahornsirup** | **½ TL geräuchertes Paprikapulver** | **etwas Salz** | **13 Kräuterseitlinge** (optional: Champignons), geputzt, in sehr dünne Streifen geschnitten | **frisch gemahlener schwarzer Pfeffer** | **etwas Olivenöl** | **1 Handvoll kernlose Trauben**, halbiert | **1 Apfel**, entkernt, in kleine Würfel geschnitten | **½ rote Paprikaschote**, entkernt, in kleine Würfel geschnitten | **1 Handvoll Basilikum**, in Stücke gerupft

OPTIONAL: **2 Tomaten**, frisch oder aus dem Backofen | **½ Salatgurke**, in kleine Würfel geschnitten | **½ Kohlrabi**, geschält, in kleine Würfel geschnitten | **1 Möhre**, in kleine Würfel geschnitten | **1 Pastinake**, in kleine Würfel geschnitten, aus dem Backofen | **1 Rote Bete**, in kleine Würfel geschnitten, aus dem Backofen

FÜR DAS DRESSING:

3–4 EL Tahini | **1 EL Ahornsirup** | **½ kleine Zwiebel**, geschält | **¼ frische Chili** (optional, wenn Kinder mitessen, eher etwas weniger) | **Saft von 1–1½ Zitronen** | **2 TL Misopaste** | **4 EL Wasser**

AUSSERDEM: **frische Minze zum Servieren**

Den Backofen auf 180 °C Umluft vorheizen.

Die Belugalinsen in einen Topf geben und mit etwa 500 ml Wasser aufgießen. Kurz aufkochen lassen und dann wie Reis langsam vor sich hin köcheln lassen, bis das Wasser verdampft ist.

Währenddessen den Rosenkohl mit Öl, Ahornsirup, Paprikapulver und etwas Salz vermengen und in eine ofenfeste Form geben. Für 15 Minuten in den Backofen schieben.

Die Kräuterseitlinge auf ein Blech geben und mit etwas Salz, Pfeffer und Olivenöl beträufeln. In 15–20 Minuten im Backofen knusprig rösten.

Die Linsen in einem Sieb abspülen, in eine große Schüssel geben und das Ofengemüse, Trauben, Apfel, Paprika und Basilikum hinzufügen. Optional weitere Zutaten dazugeben. Alles schön miteinander vermengen und bei Bedarf mit Salz und Pfeffer abschmecken.

Für das Dressing alle Zutaten in einen Mixer geben und in 1 Minute zu einer cremigen Sauce pürieren. Soll es flüssiger werden, einfach noch etwas Wasser hinzufügen.

Den Salat in einer Schüssel oder auf einzelnen Tellern anrichten und das Dressing entweder dazustellen oder obendrüber geben, ohne es unterzuheben. Mit frischer Minze garnieren.

SUPER SUPPEN

TOMATENSUPPE

für ***4 Portionen*** *// Zubereitungszeit:* ***10 Minuten*** *// Kochzeit:* ***25 Minuten***

Das Lieblingsessen unserer Jungs. Die beiden würden am liebsten in Tomatensuppe baden und können sie mittlerweile schon selbst kochen (hoffentlich nicht, um wirklich darin zu baden!). Wichtig bei Tomatengerichten ist, dass hier die Säure der Tomaten mit einer süßen Komponente ausgeglichen wird. Oftmals ist es wirklich nur ein bisschen Zucker, der den Geschmack dann vollends abrundet. Wenn ihr die Jungs fragt: Sie schmeckt auch kalt!

2 Zwiebeln, geschält, in Würfel geschnitten
2 EL Olivenöl
1 kg frische Tomaten, geviertelt
500 ml Wasser
1 TL gemahlene Kurkuma
2 TL Rauchsalz
3 TL italienische Kräuter
1 TL gemahlener Paprika edelsüß
1 TL Salz
1 TL Zucker
500 ml Tomaten-Passata
frisch gemahlener schwarzer Pfeffer

TOPPING:

frische Basilikumblätter

Die Zwiebeln in einem Topf mit dem Olivenöl etwa 4 Minuten bei mittlerer Temperatur anbraten. Die Tomaten hinzugeben und für weitere 5 Minuten mitbraten. Dann das Wasser und die Gewürze hinzufügen, einmal aufkochen. Tomaten-Passata hinzufügen, kurz auf etwas höherer Temperatur köcheln lassen, dann etwas runterschalten und für weitere 10 Minuten köcheln lassen. Je länger, desto besser. Aber sie schmeckt auch jetzt schon.

Die Suppe mit einem Stabmixer oder einem Blender (Mixer) pürieren. Du kannst sie aber gerne auch stückig genießen.

Mit Salz und Pfeffer abschmecken und mit frischem Basilikum servieren.

BLUMENKOHLSUPPE

für **4 Portionen** // *Zubereitungszeit:* **10 Minuten** // *Kochzeit:* **22 Minuten**

Blumenkohl ist in unserer Familie neben dem Brokkoli das meistgegessene Gemüse. Er ist nicht nur wahnsinnig gesund, sondern je nach Zubereitungsart immer anders im Geschmack. Mit diesem Rezept kreierst du eine milde und, dank des Tofus, cremige Suppe, die toll nach Blumenkohl schmeckt, aber nicht zu aufdringlich ist.

2 TL Kokosöl
1 Zwiebel, geschält, gehackt
2 Stangen Staudensellerie, gewürfelt
1 Blumenkohl, in Röschen geteilt (optional: TK-Blumenkohl)
3–4 Kartoffeln, geschält, gewürfelt
1 l Gemüsebrühe
100 g Seidentofu
2 Prisen gemahlener Muskat
Salz
frisch gemahlener Pfeffer nach Belieben

TOPPINGS:

3–4 Lauchzwiebeln, geputzt, gehackt
½ Bund frische glatte Petersilie, gehackt

1 TL Öl in einen Topf geben, auf mittlerer Stufe erhitzen und die Zwiebeln mit dem Sellerie für 2 Minuten andünsten. Dann weitere 5 Minuten zusammen mit dem Blumenkohl und den Kartoffeln dünsten. Die Brühe dazugeben. Alles für 15 Minuten köcheln lassen. Nach circa 7 Minuten ein paar Blumenkohlröschen entnehmen und in einer separaten Pfanne mit dem restlichen Kokosöl knusprig braten. Das wird die Einlage. Nach Ablauf der 15 Minuten die Suppe portionsweise mit einer Suppenkelle in einen Blender (Mixer) geben und zusammen mit dem Tofu auf höchster Stufe zu einer cremigen Suppe pürieren. Die fertig pürierte Suppe dann zurück in den Topf geben und auf niedriger Stufe köcheln lassen. Mit Muskat, Salz und Pfeffer abschmecken und kurz vor dem Servieren den angebratenen Blumenkohl hinzugeben.

Zwiebeln und Petersilie in einer separaten Schüssel anrichten, für jeden nach Belieben als Topping nutzen.

HINWEIS: ***Vorsichtig mit Salz und Pfeffer umgehen, wie viel man braucht, hängt von der Gemüsebrühe ab.***

TIPP: ***Mache lieber zu viel als zu wenig. Im Hause Freyberg wird sich immer um den letzten Teller gestritten.***

BROKKOLISUPPE

für ***4 Portionen*** *// Zubereitungszeit:* ***10 Minuten*** *// Kochzeit:* ***20 Minuten***

Und morgen gibt es wieder Brokkoli ... Was sich für andere wie eine Drohung anhört, lässt uns das Wasser im Mund zusammenlaufen. Wir lieben Brokkoli! Egal wie, wo und wann. Das ist auch gut so, denn gesünder geht es kaum. Der kleine grüne »Baum« strotzt nur so vor Vitaminen, Eisen, Magnesium und und und. Kurz: Von Brokkoli kann man nie genug essen. Deshalb gilt bei uns: Nicht nur morgen gibt es wieder Brokkoli!

1 EL Kokosöl
3 Zwiebeln, geschält, in Würfel geschnitten
1½ l Wasser (bei Bedarf mehr)
1½ –2 EL Gemüsebrühe
1 kg Brokkoli, klein geschnitten
2–3 TL Salz (je nachdem, wie salzig die Brühe ist)
1 TL Rauchsalz
200 g Tofu natur, zerbröselt
nach Belieben **frisch gemahlener schwarzer Pfeffer**

TOPPING:

½ TL Kokosöl
1 Handvoll Mandelsplitter

Das Kokosöl in einem Topf erhitzen und die Zwiebeln darin 3–4 Minuten anschwitzen. Dann das Wasser und die Brühe mit dem Brokkoli hinzugeben und aufkochen. Die Temperatur etwas herunterschalten und so lange köcheln lassen, bis der Brokkoli weich gekocht ist. Das wird etwa 10 Minuten dauern. Dann die Suppe vorsichtig mit Salz und Rauchsalz würzen. Aber wirklich vorsichtig: Es kann sein, dass die Suppe schon jetzt sehr salzig ist. Den Brokkoli und die Brühe nun mithilfe einer Suppenkelle in einen Hochleistungsmixer geben, Tofu dazubröseln und das Ganze für 1–2 Minuten gut durchmixen. Dann wieder zurück in den Topf damit, mit Pfeffer und Salz abschmecken und bei niedriger Temperatur noch etwas köcheln. Währenddessen das Kokosöl für das Topping in einer kleinen Pfanne erhitzen und die Mandelsplitter hinzugeben. Aufpassen, die können sehr schnell sehr braun werden.

Die Suppe mit den Mandelsplittern bestreut servieren!

INDISCHE LINSENSUPPE

für ***4 Portionen*** *// Zubereitungszeit:* ***10 Minuten*** *// Kochzeit:* ***30 Minuten***

Linsensuppe ist toll! Wir mögen die indisch gewürzte Variante am liebsten. Du kannst die Suppe pürieren oder stückig genießen, beides schmeckt sehr gut.

3 TL Kokosöl
1 Zwiebel, geschält, klein geschnitten
1 Knoblauchzehe, geschält, gepresst
1 cm frischer Ingwer, geschält, klein geschnitten
½ TL gemahlener Kreuzkümmel
1 TL gemahlene Kurkuma
1 TL gemahlener Paprika edelsüß
2 TL Garam Masala (oder Currypaste – je nachdem, was vorrätig ist)
250 g rote Linsen, 30 Minuten eingeweicht, mit kaltem Wasser gut abgespült
750 ml Gemüsebrühe
400 ml Kokosmilch (entspricht 1 Dose)
3 große Tomaten, klein geschnitten
1–2 rote Paprikaschoten, gewürfelt
2 Lorbeerblätter
1 TL Salz

OPTIONAL: **etwas Chilipulver**

Das Kokosöl in einem großen Topf erhitzen. Erst die Zwiebeln 3 Minuten darin anbraten, dann Knoblauch, Ingwer und die Gewürze hinzufügen, gut umrühren und für weitere 2 Minuten braten. Die Linsen unterrühren und noch einmal 2 Minuten braten. Die Gemüsebrühe dazugießen und aufkochen. Kokosmilch, Tomaten, Paprika und Lorbeerblätter dazugeben, mischen und so lange kochen, bis die Linsen weich sind. Das dauert circa 15–20 Minuten.

Die Lorbeerblätter entfernen.

Optional: Die Suppe in einen Blender (Mixer) geben und 1–2 Minuten pürieren. Soll die Suppe etwas flüssiger werden, einfach noch etwas heißes Wasser dazugeben und nachwürzen.

Zum Schluss mit Salz abschmecken – Vorsicht, es kann sein, dass die Brühe bereits genug Salz enthält! – und wer es scharf möchte, darf noch etwas gemahlene Chili darüberstreuen. Guten Appetit!

TIPP: ***Bei unseren Kindern ist es oft besser, wenn sie nicht sehen, was alles Gesundes im Essen versteckt ist, deshalb sind bei uns die Suppen oft püriert.***

SAUERAMPFERSUPPE

für ***4 Portionen*** *// Zubereitungszeit:* ***10 Minuten*** *// Kochzeit:* ***15 Minuten***

Das ist ein altes Familienrezept von Regines Oma väterlicherseits aus Polen. Das Schöne daran ist: Man findet den Sauerampfer beim Spazierengehen auf Wiesen, aber inzwischen bekommt man ihn auch oft auf Märkten. Die Suppe ist in kürzester Zeit zubereitet und solltest du einmal sehr viel Sauerampfer gefunden oder gekauft haben, kannst du ihn einfach haltbar machen, indem du ihn in Alsan andünstest und dann einfrierst. So kannst du deine Suppe auch im Winter genießen.

2 Handvoll Sauerampfer, entstielt, klein geschnitten
20 g Alsan
1 l Gemüsebrühe
500 g Kartoffeln, geschält und in sehr kleine Würfel geschnitten
Salz
frisch gemahlener schwarzer Pfeffer
3 EL Creme VEGA
etwas Schnittlauch

Den Sauerampfer in einem Topf bei mittlerer Temperatur in Alsan andünsten. Die Gemüsebrühe hinzugeben und zum Kochen bringen. Die Kartoffeln in die kochende Brühe geben und circa 15 Minuten kochen lassen.

Mit Salz und Pfeffer abschmecken.

Die Suppe vom Herd nehmen, die Creme VEGA einrühren und mit frischem Schnittlauch servieren.

SMOKED KÜRBISSUPPE MIT ROTEN LINSEN

für ***4 Portionen*** *// Zubereitungszeit:* ***10 Minuten*** *// Backzeit:* ***25 Minuten*** *// Kochzeit:* ***15 Minuten***

Die Kürbissuppe für alle, die eigentlich keine Kürbissuppe mögen. Das rauchige Aroma steht hier im Vordergrund und durch die Linsen ist der typische Kürbisgeschmack nur noch zu erahnen. Perfekt für unsere Kinder, die Kürbisse bisher nur in geschnitzter Monsterform zu Halloween mochten.

1 Hokkaido- oder Butternut-Kürbis, ungeschält, entkernt, in grobe Stücke geschnitten
2 Tomaten, halbiert
1 Zwiebel, geschält, geviertelt
3 Knoblauchzehen, geschält
1–2 EL + etwas mehr Bratöl
½ TL + 1–2 TL Rauchsalz oder anderes Salz (je nachdem, wie salzig deine Brühe ist)
250 g rote Linsen, 1 Stunde eingeweicht, mit kaltem Wasser abgespült
1 l Gemüsebrühe (bei einem großen Kürbis eventuell etwas mehr)
½ TL gemahlener Paprika edelsüß
Saft von ½ Zitrone
frisch gemahlener schwarzer Pfeffer nach Bedarf

TOPPINGS:

geröstete Kürbiskerne
grünes Spinat-Basilikum-Pesto (Rezept Seite 67)

Den Backofen auf 200 °C Unter-/Oberhitze vorheizen.

Den Kürbis, die Tomaten, die Zwiebel und den Knoblauch in einer ofenfesten Form verteilen und Öl und ½ TL Rauchsalz darübergeben. Für 25 Minuten in den Backofen schieben, bis das Gemüse richtig schön braun ist.

Etwas Öl in einem Topf erhitzen, die Linsen hinzufügen und 2 Minuten anbraten. Das Ofengemüse zu den Linsen in den Topf geben, umrühren und die Brühe hinzufügen. Alles zusammen erst einmal aufkochen und dann für etwa 10 Minuten köcheln lassen, bis die Linsen weich sind.

Mithilfe eines Stabmixers oder eines Blenders (Mixer) die gesamte Suppe pürieren. Soll die Suppe flüssiger werden, noch etwas mehr heiße Brühe hinzugeben. Mit dem restlichen Salz, Paprika, Zitronensaft und Pfeffer abschmecken und mit gerösteten Kürbiskernen und bei Bedarf mit 1 TL Pesto servieren.

MISO-SUPPEN-ALLERLEI (OHNE ALGEN)

für ***4 Portionen*** *// Zubereitungszeit:* ***10 Minuten*** *// Kochzeit:* ***15 Minuten***

Diese Suppe ist schnell gemacht, wärmt von innen und macht glücklich! Sie kann ganz einfach auch nur aus Gemüseresten aus dem Kühlschrank und dem Tiefkühler zubereitet werden. Sei hier kreativ, halte dich nicht stoisch an die Mengenangaben und Gemüsesorten, sondern taste dich heran und peppe sie mit allem auf, was du finden kannst.

1½ l Wasser
2 EL Misopaste
2 Möhren, in Würfel geschnitten
½ Weißkohl (optional: Rotkohl, Spitzkohl), in grobe Streifen geschnitten
100 g TK-Spinat (optional: natürlich frischer Spinat!)
150 g grünes TK-Gemüse (grüne Bohnen, Erbsen, geschälte Edamame)
½ rote Chili, gehackt
1 EL Tamari
150 g Udon-Nudeln (optional: Glasnudeln, schwarze Reisnudeln, Ramen-Nudeln)
½ EL geröstetes Sesamöl

TOPPINGS:

1–2 Frühlingszwiebeln, klein gehackt
2 TL weiße und schwarze Sesamsamen
nach Bedarf **Shichimi**
Nanami Togarashi (japanische Chili-Gewürzmischung)

OPTIONAL: **100 g Tofu natur**, in Würfel geschnitten
100 g Champignons oder Shiitake, geputzt, in grobe Würfel geschnitten

Das Wasser in einem großen Topf zum Kochen bringen und die Misopaste gleich hinzufügen. Währenddessen das Gemüse klein schneiden, mit dem TK-Gemüse und Chili nach und nach in die kochende Brühe geben und alles etwa 8 Minuten kochen lassen. Dann das Tamari und die Nudeln dazugeben und mitkochen. Optional Tofu und/oder Pilze hinzufügen. Zum Schluss noch einen Schuss Sesamöl hineingeben, abschmecken und heiß servieren.

Sehr gut schmeckt die Suppe getoppt mit Frühlingszwiebeln, Sesamsamen und Shichimi Nanami Togarashi, einer japanischen Gewürzmischung aus sieben Gewürzen.

WIRSINGEINTOPF MIT RÄUCHERTOFU UND »WÜRSTCHEN«

für ***6 Portionen*** *// Zubereitungszeit:* ***20 Minuten*** *// Kochzeit:* ***2 Stunden***

Eigentlich ein italienisches Wintergericht mit Schweinefleisch, die vegane Variante steht dem Original aber in nichts nach! Abgesehen von der langen Kochzeit (dauert 2 Stunden!), ist dies ein sehr einfaches Gericht und kann an einem Sonntagnachmittag schön langsam und gemütlich zubereitet werden. Mit mehr Flüssigkeit wird eine Suppe daraus, mit weniger ist das Gericht gut als Eintopf zu genießen. Weiche oder gebackene Polenta, Kartoffelpüree oder Salzkartoffeln passen wunderbar dazu.

4–5 EL Bratöl
2 rote Zwiebeln, geschält, in kleine Würfel geschnitten
4–5 Möhren, in kleine Würfel geschnitten
4–5 Selleriestangen, in kleine Würfel geschnitten
2 l Gemüsebrühe
1 Wirsing, in dünne Streifen geschnitten
150 ml Rotwein
3–4 Lorbeerblätter
1 TL frisch gemahlener schwarzer Pfeffer
2 EL Tomatenmark
ca. 400–600 g »Fleisch« – alles, was du vorrätig hast: Räuchertofu, Seitanwürstchen, Tofuwürstchen, vegane Chorizo, vegane Merguez für ein bisschen Schärfe etc., in Würfel oder mundgerechte Stückchen geschnitten
Salz

Das Öl in einen großen Topf geben und bei mittlerer Hitze erwärmen. Zwiebeln, Möhren und Sellerie hinzugeben und in einigen Minuten leicht frittieren. Dann die Gemüsebrühe und den Wirsing hinzufügen. Rotwein, Lorbeerblätter und Pfeffer hineingeben und einmal kurz aufkochen lassen. Die Hitze reduzieren, das Tomatenmark einrühren und nun für 60–90 Minuten leicht köcheln lassen. Immer mal wieder umrühren.

Das »Fleisch« hinzufügen und weitere 30 Minuten köcheln lassen.

Mit Salz und Pfeffer abschmecken.

Mit Polenta, Kartoffeln oder Kartoffelpüree servieren! Schmeckt auch noch 2 Tage später super!

EINFACH HAUPTGANG

GRIECHISCHE BAKED BEANS

für ***4 Portionen*** *// Zubereitungszeit:* ***15 Minuten*** *// Backzeit:* ***2–3 Stunden***

Die Baked Beans sind megaeinfach zuzubereiten. In 15 Minuten ist man hier mit der Vorbereitung fertig. Die Bohnen brauchen dann noch 2–3 Stunden im Backofen, aber der Aufwand ist gering und im Anschluss duftet die ganze Wohnung danach … Oft essen wir einfach nur die Bohnen mit frischem Brot oder machen Kartoffelbrei dazu. Das Gericht schmeckt am nächsten Tag noch besser, eignet sich also gut für eine Feier oder wenn man ein Abendessen vorbereiten möchte. Was die Kinder nicht wissen: Es ist auch noch sehr gesund!

1 Zwiebel, geschält, in kleine Würfel geschnitten
1 große Tomate, in kleine Würfel geschnitten
½ mittlerer bis großer Knollensellerie, geschält, in kleine Würfel geschnitten
2 große Möhren, geschält, in kleine Würfel geschnitten
400 g (2 Dosen) dicke weiße Bohnen, abgetropft und abgespült
500 ml Wasser
1 Spritzer Zitronensaft
125 ml Olivenöl
1 Bund Petersilie, glatt, klein gehackt
½ Tube Tomatenmark 1 gehäufter TL Zucker
1 TL Salz
1 Prise Pfeffer

Den Backofen auf 150–160 °C vorheizen.

Das geschnittene Gemüse zusammen mit den Bohnen in eine große Auflaufform geben. Die flüssigen Zutaten, das Öl, die Petersilie, das Tomatenmark und die Gewürze gut umrühren, dann ebenfalls in die Auflaufform geben und alles gut vermischen. Der Inhalt sollte nicht unbedingt »unter Wasser stehen«, aber die Flüssigkeit sollte sich schon sichtbar absetzen, daher keine zu große Auflaufform wählen. Notfalls etwas mehr Wasser und Tomatenmark verwenden.

Bei circa 150–160 °C Umluft ungefähr 2–3 Stunden im Backofen »einbacken« und jede halbe Stunde einmal kräftig umrühren; die Flüssigkeit sollte am Ende weitestgehend verkocht sein.

Die Form noch circa 15 Minuten im ausgeschalteten Backofen stehen lassen und dann auf Zimmertemperatur abkühlen lassen.

Schmeckt warm, schmeckt kalt und am nächsten Tag noch besser – solange bleibt aber meist nichts übrig.

BAUKASTEN:

EASY QUICHE CRUST

für ***1 Spring- oder Quiche-Form, ø 26 cm***

Zubereitungszeit: ***10 Minuten*** *// Backzeit:* ***15 Minuten (Teig)***

Quiche hat so viele tolle Eigenschaften: Man kann richtig gut Gemüsereste verwerten, sie schmeckt warm und kalt, hält sich ein paar Tage, ist perfekt für einen Brunch, Lunch oder ein Picknick und sie lässt sich auch wunderbar einfrieren. Da für unsere Familie eine Quiche nicht genug ist, machen wir meistens gleich zwei – immer anders belegt, den Boden bereiten wir aber immer nach diesem Rezept zu.

250 g Dinkelmehl
1 TL Salz
50 ml Olivenöl
120 ml kaltes Wasser

OPTIONAL: **1 EL Leinsamen**
1 EL Sesamsamen (weiß oder schwarz)
1 EL geschälte Hanfsamen

Alle Zutaten in eine Schüssel geben und mit den Händen zu einem Teig kneten. Für einen höheren Rand einfach 50 g zusätzliches Mehl und etwas mehr Wasser und Öl hinzugeben.

TIPP: ***Wenn du dem Teig etwas Besonderes hinzufügen möchtest, gib ein paar Samen dazu, wie Lein-, Sesam- oder geschälte Hanfsamen. Das ist gesund und sieht schön aus!***

Den Teig in eine Spring- oder Quiche-Form geben, den Boden und den Rand mit den Fingern fest anpressen. Mit einer Gabel kleine Löcher in den Boden piksen und in den Kühlschrank stellen.

Den Backofen auf 180–200 °C Umluft vorheizen. Den Teig für 15 Minuten »blind« backen. Dann die Füllung deiner Wahl daraufgeben und noch einmal 30–40 Minuten backen.

QUICHE-IDEE 1: BBQ-JACKFRUIT UND KARTOFFEL-SELLERIE-MASH-QUICHE

Zubereitungszeit: ***30 Minuten*** *// Backzeit:* ***30–40 Minuten***

Da wir das würzige Jackfruit-Rezept so sehr lieben, haben wir es hier in eine Quiche-Füllung umgewandelt. Die Kartoffeln zusammen mit dem Knollensellerie bringen einen milden Geschmack hinzu, der sich mit dem BBQ sehr gut verträgt. Die Alsanflocken obenauf machen eine schöne leckere Kruste.

1 Portion Easy Quiche Crust (Rezept siehe links)
½ Pulled BBQ-Jackfruit (Rezept siehe Seite 59)
500 g Kartoffeln, ungeschält, in kleinere, gleich große Stücke geschnitten
½ Knollensellerie, geschält, in kleine Stücke geschnitten
Salz
Alsan
60–120 ml ungesüßte pflanzliche Milch
1 Prise gemahlener Muskat

Die Kartoffeln und den Sellerie mit etwas gesalzenem Wasser in einem Topf circa 15 Minuten kochen. Das Wasser entfernen, beides in eine ofenfeste Form geben und mit Alsanflocken und etwas Salz für 15 Minuten in den Backofen geben, während der Quiche-Boden »blind« backt.

Das Pulled BBQ-Jackfruit-Rezept von Seite 59 vorbereiten – du benötigst hier nur die Hälfte der dort angegebenen Mengen. Nachdem der Boden »blind« gebacken wurde, die BBQ-Jackfruit-Stücke gleichmäßig auf dem Boden verteilen.

Die Kartoffeln und den Sellerie mit der pflanzlichen Milch, Salz, Muskat und noch etwas Alsan mithilfe eines Kartoffelstampfers vermengen. Abschmecken und gegebenenfalls nachwürzen.

Den Stampf dann auf der Jackfruit-Mischung verteilen und noch einmal mit Alsanflocken belegen.

Die Quiche für weitere 30–40 Minuten backen, bis die Kruste goldbraun ist.

QUICHE-IDEE 2: TOMATEN-PILZ-QUICHE MIT SEIDENTOFU

Zubereitungszeit: ***30 Minuten*** *// Backzeit:* ***30–40 Minuten***

Hier eine weitere Quiche-Version, die dir in erster Linie Anregung geben soll, wie man vorgehen kann. Hier haben wir als Basis zum Füllen Seidentofu genutzt. Der ist vielseitig einsetzbar, muss jedoch ganz schön nachgewürzt werden. Sei hier kreativ und arbeite mit Gemüse der Saison. Lecker schmecken die Zwiebeln und Tomaten, wenn sie im Backofen vorher angeröstet und dann zusammen mit dem Tofu püriert werden. Du kannst hier auch mit Oliven und Artischocken arbeiten.

1 Portion Easy Quiche Crust (Rezept Seite 92)

FÜR DIE FÜLLUNG – SCHRITT 1:
3 Tomaten, in Würfel geschnitten | **2 Zwiebeln**, geschält, in Würfel geschnitten | **1 EL Öl** | **½ TL Rauchsalz** | **frisch gemahlener schwarzer Pfeffer** nach Belieben | **½ TL italienische Kräuter** | **½ TL Ahornsirup**

Tomaten und Zwiebeln in eine ofenfeste Form geben und mit Öl, Salz, Pfeffer, Kräutern und Ahornsirup würzen. Im vorgeheizten Backofen 25 Minuten backen.

FÜR DIE FÜLLUNG – SCHRITT 2:
2 EL Olivenöl | **2 Stangen Stangensellerie**, in kleine Würfel geschnitten | **200–250 g Pilze** (Champignons, Kräuterseitlinge, Shiitake), geputzt, in kleine Würfel geschnitten | **½ TL Salz**

In einer Pfanne das Olivenöl auf mittlerer bis hoher Stufe erhitzen und das Gemüse sowie die Pilze hinzufügen. Salzen und unter mehrmaligem Wenden etwa 10–15 Minuten scharf anbraten.

FÜR DIE FÜLLUNG – SCHRITT 3:
250 g Seidentofu | **5 getrocknete Tomaten** | **¼ TL gemahlener Paprika edelsüß** | **1 TL Rauchsalz** | **1 ½ TL Hefeflocken** | **½ TL geräuchertes Paprikapulver** | **1 EL Olivenöl** | **½ TL italienische Kräuter** | **1 TL Ahornsirup** | **etwas gemahlene Kurkuma** | **⅛ TL gemahlener Cayennepfeffer** | **2 EL Wasser oder ungesüßte pflanzliche Milch**

Das Gemüse aus dem Backofen (Schritt 1) und alle Zutaten aus Schritt 3 in einen Mixer geben und langsam zu einer cremigen Masse mischen. Sollte es zu dickflüssig sein, gerne noch etwas Wasser oder ungesüßte Milch hinzufügen, aber wirklich nur esslöffelweise.

ZUM DRÜBERLEGEN UND -STREUEN:
Tofu-Masse aus Schritt 3 | **Füllung aus Schritt 2** | **9–10 grüne Spargelstangen** (optional: Blumenkohl, Brokkoli etc.) | **6–8 Kirschtomaten**, halbiert | **1 EL gesalzene Kapern**, unter kaltem Wasser abgespült | **etwas schwarze und weiße Sesamsamen** | **1 TL getrocknete Basilikumblätter** | **Rauchsalz** | **frische Basilikumblätter**

Die Tofu-Masse und das Gemüse in einer Schüssel vermischen und auf dem vorgebackenen Quiche-Teig verteilen. Kapern, Sesamsamen, Basilikum und das Salz (dieses bewusst auf und um das Gemüse streuen) dazugeben und die Quiche für 40–45 Minuten in den Backofen schieben. Frische Basilikumblätter passen nach dem Backen perfekt noch obendrauf!

ACTION FOOD: SOMMERROLLEN MIT ERDNUSS-DIP

*ergibt **16 Stück** // Zubereitungszeit: **15 Minuten***

Wenn sich unsere Familie für ein Lieblingsgericht entscheiden müsste, dann wären die Sommerrollen ganz vorne mit dabei. Wir bereiten hier immer alle Einzelkomponenten vor, stellen für das Reispapier eine Schüssel Wasser bereit und los geht das große Gerolle. So sitzen wir länger zusammen, haben ein bisschen Action am Tisch und dabei schmeckt es auch noch so lecker!

FÜR 16 SOMMERROLLEN:

½ EL Kokosöl | **200 g Tofu natur**, in 16 ca. 5 cm lange Streifen geschnitten | **½ EL Tamari** | **200 g Reisnudeln** | **1 Möhre**, in 16 ca. 5 cm lange Streifen geschnitten | **½ rote Paprikaschote**, entkernt, in 16 ca. 5 cm lange Streifen geschnitten | **¼ Salatgurke**, in 16 ca. 5 cm lange Streifen geschnitten | **½ Avocado**, in 16 ca. 5 cm lange Streifen geschnitten | **¼ Salatkopf**, klein geschnitten | **16 Blätter frische Minze** | **3 EL Röstzwiebeln** | **16 Reispapier-Blätter**

OPTIONAL: **Mungobohnensprossen oder Sprossen jeglicher Art** | **Rot-/Weißkohl**, in Streifen geschnitten | **Koriander** | **Thai-Basilikum**

DU BRAUCHST: **1 große Schüssel** mit Wasser (lauwarm bis heiß)

Zuerst braten wir den Tofu an. Dafür Kokosöl in einer Pfanne erhitzen, Tofu hineingeben und auf mittlerer Stufe auf allen Seiten braun anbraten. Das kann gut 10 Minuten dauern. Ist der Tofu fertig, mit Tamari ablöschen und den Herd ausschalten. Die trockenen Nudeln in eine separate Schüssel legen und mit kochendem Wasser übergießen (sie sollten komplett überdeckt sein) und die Schüssel beiseitestellen. Sind die Nudeln weich, das Wasser mithilfe eines Siebes abschütten und die Nudeln mit all den anderen Zutaten bereitstellen.

TIPP: ***Wenn du diese Mahlzeit auch als »Action Food« zubereiten möchtest, stelle eine Platte oder einzelne Schälchen mit dem Gemüse, den Kräutern, dem Salat und den Röstzwiebeln zusammen. Du kannst hier ruhig kreativ werden und dich auch gerne den Jahreszeiten anpassen (zum Beispiel Salat im Sommer, Kohl im Winter).***

FÜR DEN ERDNUSS-DIP:

3 EL Erdnussbutter, crunchy (wenn möglich ohne Palmöl) | **1 EL Tamari** | **1½ EL geröstetes Sesamöl** | **1 TL Ahornsirup** | **1 TL Limettensaft** | **Wasser** | **Salz**

Für den Erdnuss-Dip Erdnussbutter, Tamari, Sesamöl, Ahornsirup und Limettensaft in eine Schüssel geben und alles kräftig durchmischen. Nach und nach Wasser mit einarbeiten, aber nicht zu viel, sonst wird der Dip zu flüssig. Mit Salz, Ahornsirup und Tamari abschmecken. Es ist auch gut möglich, dass der Dip nach einiger Zeit nachdickt, dann noch einmal mehr Wasser einrühren. Je nachdem, wie viel Wasser hinzugefügt wurde, unbedingt noch einmal mit allen Zutaten abschmecken (oft sind einige Erdnussbutterprodukte salziger oder süßer, hier kann dann wirklich die Mengenangabe variieren).

ANLEITUNG ZUM ROLLEN:
Das Reispapier von allen Seiten in die bereitgestellte Schüssel mit warmem bis heißem Wasser dippen. Das Papier darf hier nicht knicken, reißen oder aneinanderkleben. Dann zügig auf einen flachen Teller oder ein Brett legen.

Achtung: Der folgende Vorgang sollte nicht zu lange dauern, denn das Reispapier wird sehr weich und lässt sich dann eventuell nicht mehr so leicht von der Platte lösen.

Nun folgt das Belegen: Alle Zutaten, die in die Rolle sollen, sollten griffbereit in der Mitte der Arbeitsfläche liegen. Beim Belegen gilt: Lieber mit weniger Füllung starten, sonst wird das Rollen zu schwer. Nach und nach wird man sicherer und kann die Rollen voller machen. Als Erstes sollten die Nudeln, Tofu, Gemüsesticks und Salat hineingelegt werden, Kräuter und Röstzwiebeln folgen zum Schluss. Ist die Rolle fertig gefüllt, den unteren Teil des Reispapiers eng über die Füllung mit den Zutaten ziehen, ein wenig zusammendrücken und bereits etwas anrollen. Nun links und rechts die Enden auch zur Mitte hin zusammenschlagen, das komplette Paket dann während des Rollens von der Mitte nach oben schließen. Das Reispapier hält wirklich gut zusammen und mit etwas Übung wird es einfacher.

TIPP: ***Sollte dir aus irgendeinem Grund einmal das Reispapier beim Rollen reißen, dann nutze ein zweites Papier und wickle es eng drum herum.***

Möchtest du die Sommerrollen für einen späteren Verzehr vorbereiten, müssen die einzelnen Rollen jeweils in Frischhaltefolie (ja, leider!) gewickelt werden, da sie sonst austrocknen beziehungsweise zusammenkleben.

LEMONGRASS-DAL MIT VIEL GEMÜSE

für ***4–6 Portionen*** *// Zubereitungszeit:* ***10 Minuten*** *// Kochzeit:* ***20–25 Minuten***

Das Schöne an Dal ist: Es geht schnell und man kann nur wenig falsch machen, denn irgendwie schmeckt Dal immer. Dieses Rezept kommt mit einem leicht thailändischen Touch daher, weil die Frische durch das Zitronengras an Urlaub erinnert. Ob du dann das Gericht komplett ohne Gemüse kochst oder, wie wir meistens, eine ganze Gemüseparty daraus machst, bleibt dir überlassen – denn wie gesagt, irgendwie schmeckt Dal immer!

4 frische Zitronengrasstängel
1½ EL Kokosöl
2 rote Zwiebeln, geschält, fein gehackt
3–4 Knoblauchzehen, geschält, fein gehackt
1 grüne Chili, fein gehackt
500 g rote Linsen, 2 Stunden eingeweicht, unter fließend kaltem Wasser abgespült
400 ml (1 Dose) Kokosmilch
800 g Gemüse oder TK-Gemüse, gegebenenfalls geschält, in mundgerechte Stücke geschnitten: Champignons, Zucchini, Brokkoli, Blumenkohl, Erbsen, Edamame, grüne Bohnen, Kürbis, Süßkartoffel
800 ml Gemüsebrühe
Salz
frisch gemahlener schwarzer Pfeffer

ZUM SERVIEREN:
1 Limette, geachtelt
1 frische rote Chili, gehackt

Das Zitronengras mit einem Nudelholz oder einem anderen schweren Gegenstand flach klopfen. Die Stängel platzen auf diese Weise auf und die Öle treten aus und geben den Geschmack an das Dal ab.

In einem großen Topf das Kokosöl erhitzen und das Zitronengras, Zwiebeln, Knoblauch und die grüne Chili dazugeben. Für 5 Minuten alles andünsten, bis die Zwiebeln weich und glasig sind. Linsen und Kokosmilch hinzugeben und für weitere 5 Minuten köcheln lassen. Dann das Gemüse unterrühren und nach und nach Gemüsebrühe hinzugeben, bis die Linsen gar sind und aufbrechen. Das dauert so um die 20–25 Minuten.

Am Ende alles mit Salz und Pfeffer abschmecken. Zum Servieren mit ein paar Spritzern einer frischen Limette verfeinern und mit rotem Chili garnieren.

Dazu passt hervorragend Reis oder Quinoa.

MILDES CURRY MIT KICHERERBSEN UND GEMÜSE

für ***4–6 Portionen*** *// Zubereitungszeit:* ***15 Minuten*** *// Koch-/Backzeit:* ***60 Minuten***

Wir lieben Gerichte, die man vorbereitet und dann erst einmal für eine lange Zeit in den Backofen stellt. Dann hat man Zeit, die Küche sauber zu machen und alles Weitere vorzubereiten. Ist das Essen dann fertig, ist die Küche blitzeblank und man kann alles in Ruhe genießen. Check! Genauso ist es mit diesem Curry aus dem Backofen. Auch hier kannst du entweder eine Gemüseparty veranstalten oder es etwas ruhiger angehen und dich auf ein bis zwei Sorten reduzieren. Wir empfehlen aber unbedingt die Variante mit Auberginen und Blumenkohl und fürs Auge noch etwas Grünes wie Bohnen. Lecker!

2 EL Kokosöl
1 TL Salz
1 TL gemahlene Kurkuma
1 Prise frisch gemahlener schwarzer Pfeffer
1 TL gemahlener Kreuzkümmel
1 TL gemahlener Koriander
1 TL gemahlener Paprika edelsüß
½ TL gemahlener Cayennepfeffer
1 Zwiebel, geschält, in Würfel geschnitten
1 daumendickes Stück Ingwer, geschält, gehackt
1 Knoblauchzehe, geschält, klein gehackt
800 ml (2 Dosen) Kokosmilch
800 g (2 Dosen) Tomatenstücke
1,5 kg Gemüse oder TK-Gemüse, gegebenenfalls geschält, in mundgerechte Stücke geschnitten: Aubergine, Champignons, Zucchini, Blumenkohl, grüne Bohnen, Kürbis, Süßkartoffel
400 g (1 Dose) Kichererbsen, mit frischem Wasser abgespült
1½ EL Misopaste

Den Backofen auf 200 °C Umluft vorheizen.

In einem ofenfesten, großen Topf das Kokosöl erhitzen. Während das Öl flüssig wird, schon alle Gewürze in den Topf geben, umrühren und dann die Zwiebel und den Ingwer mit dazugeben. Nach ein paar Minuten auch den Knoblauch dazugeben und alles für ein paar Minuten anbraten, bis es braun ist.

Nun Kokosmilch und Tomatenstücke hinzufügen, alles einmal aufkochen lassen und das Gemüse in den Topf geben und gut untermischen.

Das Ganze dann für 30 Minuten in den Backofen schieben.

Wenn die Zeit um ist, die Kichererbsen unterheben, die Misopaste einrühren und für weitere 30 Minuten in den Backofen stellen. Mit Salz abschmecken.

Dazu passt ganz klassisch Reis, Quinoa oder Hirse.

SEMMELKNÖDEL MIT ROTKOHL UND PILZRAHMSAUCE

für ***4–6 Portionen***

Wir fordern: Mehr Knödel braucht das Land! Vor allem Semmelknödel. Eine wunderbare Art, alte Brötchen und Brezeln noch sinnvoll und schmackhaft weiterzuverarbeiten. Wie bei den Burgern wird hier mit den Händen gemanscht und gepanscht. Die Sojamilch sollte nicht mit einer anderen Milch ersetzt werden, da sie hier vor allem eine Klebefunktion hat. Natürlich warten diese Knödel darauf, mit der leckeren Pilzrahmsauce und dem Rotkohl als komplettes Essen verzehrt zu werden. Du kannst die Sauce auch noch mit Maronen aufpeppen oder die Champignons komplett durch bereits gekochte Maronen ersetzen.

HINWEIS: ***Der Rotkohl schmeckt am besten, wenn er einen Tag vorher zubereitet wird!***

FÜR DEN ROTKOHL:

Zubereitungszeit: ***15 Minuten*** *//*
Kochzeit: ***mindestens 1 Stunde***

1 großer Rotkohl (1000–1200 g), sehr fein gehobelt | **2 TL Salz** (eventuell mehr, wenn du einen sehr großen Rotkohl hast) | **3 EL Alsan** (optional: andere vegane Butter) | **3 rote oder weiße Zwiebeln**, geschält, gewürfelt | **2 Äpfel**, geschält, entkernt, gewürfelt | **200 ml Rotwein** (optional: Apfelsaft, dann eventuell den Zucker reduzieren) | **200 ml Apfelsaft** | **4 EL Apfelessig** | **3 Lorbeerblätter** | **4 ganze Nelken** | **1 TL frisch gemahlener schwarzer Pfeffer** | **½ TL gemahlener Piment** | **30 g Cranberrys**, gehackt | **3 EL Zucker** (Rübenzucker, Kokosblütenzucker oder Ahornsirup) | **Salz**

Den Rotkohl in eine große Schüssel geben, mit dem Salz bestreuen und mit den Händen einmassieren. Die Schüssel für den Moment beiseitestellen und ruhen lassen.

In einem großen Topf Alsan zum Schmelzen bringen, Zwiebeln und Apfelstückchen hinzufügen und in 3–5 Minuten glasig dünsten.

Dann den Rotkohl in den Topf geben und mit dem Rotwein (bei der alkoholfreien Variante mit Apfelsaft) übergießen und aufkochen lassen. Jetzt alle anderen Zutaten hinzufügen, umrühren und auf niedriger bis mittlerer Temperatur mit Deckel mindestens 1 Stunde köcheln lassen. Immer mal wieder umrühren und prüfen, dass der Kohl nicht zu weich gekocht wird.

Zum Schluss noch einmal alles abschmecken und gegebenenfalls mit Salz und Zucker nachwürzen.

Abkühlen lassen. Im Winter kann man den Topf auch einfach mit Deckel rausstellen. Am nächsten Tag vorsichtig auf mittlerer Stufe noch einmal aufkochen und servieren.

FÜR DIE SEMMELKNÖDEL:

ergibt ***8–12 Stück*** *// Zubereitungszeit:* ***15 Minuten*** *// Kochzeit:* ***20 Minuten***

10 (ca. 450 g) alte Brötchen (gerne eine Mischung aus weißen Brötchen, Vollkornbrötchen, Brezeln, Baguette etc.) | **300 ml Sojamilch** (leider keine Option hier …) | **2 Zwiebeln**, geschält, sehr fein gehackt | **1 EL Alsan** (oder andere vegane Butter) | **½ Bund glatte Petersilie**, Stiele entfernt, sehr fein gehackt | **1–1 ½ TL Salz** | **1 Prise gemahlener Muskat**

OPTIONAL: Für Speckknödel einfach ein paar wirklich klein geschnittene **vegane Speckwürfel** mit den **Zwiebeln** in der Pfanne anbraten und unter die Brötchenmasse mischen, dafür aber eventuell weniger Salz nutzen!

Die Brötchen vom Vortag (oder sogar noch älter) in kleine Würfel schneiden und in eine große Schüssel geben. Langsam die Sojamilch (wenn möglich, nicht kühlschrankkalt, sondern eher warm) über die Würfel gießen und beiseitestellen.

Die Zwiebeln mit etwas Alsan für circa 5 Minuten auf mittlerer Stufe in einer Pfanne dünsten, bis sie glasig sind, dann die Petersilie (etwas fürs Servieren zurücklegen), Salz und Muskat hinzufügen und noch weitere 3 Minuten andünsten.

Jetzt beginnt der Spaß: Die Zwiebelmischung auf die Brötchenwürfel geben und mit feuchten Händen alles gut durchkneten. Einige Würfelchen sind eventuell noch nicht mit Milch vollgesogen, diese trotzdem kräftig durchkneten. Nach einiger Zeit wird alles zu einer richtig festen, aber feuchten Masse. Bleiben jetzt noch zu viele trockene Stellen übrig, löffelweise noch etwas Milch hinzufügen. Aber es sollte wirklich fest sein, sonst zerfallen die Knödel beim Kochen.

Die Hände von Neuem befeuchten und 8–10 gleich große Knödel formen und bereitlegen.

In einem großen Topf etwas Salzwasser zum Kochen bringen, die Hitze reduzieren und die Knödel vorsichtig in das Wasser geben. Das Wasser sollte nicht sprudeln, sondern sieden, sonst zerfallen die Knödel. Nach circa 20 Minuten – je nachdem, wie groß die Knödel sind, dauert es etwas kürzer oder länger – sind sie fertig und schwimmen wahrscheinlich an der Oberfläche.

Vorsichtig herausnehmen und mit ein bisschen frischer Petersilie servieren.

TIPP: ***Die Knödel halten sich, einmal durchgekocht, prima für ein paar Tage im Kühlschrank. Schneide die »alten« Knödel in circa 1–1,5 cm dicke Scheiben und brate sie für ein paar Minuten von beiden Seiten mit Alsan an. So passen sie super zu einem Salat oder zu allerlei leckeren Saucen und Beilagen (wir sagen nur: Zwiebelchutney!). Unsere Kinder lieben sie angebraten noch viel mehr!***

FÜR DIE PILZRAHMSAUCE:

Zubereitungszeit: ***5 Minuten*** *// Kochzeit:* ***15 Minuten***

4 EL Alsan oder Öl | **2 Zwiebeln**, geschält, in kleine Würfel geschnitten | **300 g Champignons**, geputzt, in Scheiben geschnitten | **1 Knoblauchzehe**, geschält, klein gehackt | **250 ml Sojasahne** | **½ TL Salz** | **½ TL italienische Kräuter** |

OPTIONAL: **gekochte Maronen** | **frische Petersilie**

Auf mittlerer Temperatur Alsan oder Öl in einer großen Pfanne erhitzen. Erst die Zwiebeln und die Champignons in die Pfanne geben. Wenn die Zwiebeln glasig sind, den Knoblauch hinzufügen. Alles noch einmal 10 Minuten auf etwas niedrigerer Temperatur in der Pfanne braten lassen. Wenn alles schön braun ist, die Sojasahne, das Salz und die Kräutermischung dazugeben und die Sauce noch ein paar wenige Minuten vor sich hin köcheln lassen. Gerne noch mit Salz und Pfeffer abschmecken.

TIPP: ***Wir essen die Sauce gerne genau so, die Kinder bevorzugen sie püriert. Schmeckt auch super!***

TINY BATCH
BREWING CO.

DRUMMER'S LINSEN-BOLOGNESE

für ***4–6 Portionen***

Es ist immer schön, wenn man kreative Freunde mit einer eigenen Kochshow hat. Ansgar hatte die Ehre bei Specki, dem Schlagzeuger der deutschen Band In Extremo und leidenschaftlichem Koch, bei der Premiere seiner ersten Kochshow Herdbanger als Gastkoch dabei zu sein. Mit dabei waren auch andere Trommler wie The Boss Hoss-Percussionist Tobi Fischer und Rammstein-Drummer Christoph Schneider, der mit so viel Liebe und Geduld das Gemüse so klitzeklein schnitt, wie es wohl nur ein echter Schneider kann.

FÜR DIE MARINARASAUCE:

Zubereitungszeit: ***10 Minuten*** *// Kochzeit:* ***mindestens 30 Minuten***

4 EL Olivenöl | **1 gelbe Zwiebel**, geschält, fein gehackt | **1–2 Möhren**, geschält, gestiftelt | **¼ Knollensellerie**, geschält, gestiftelt | **3 frische Knoblauchzehen**, geschält, fein gehackt | **6 getrocknete Tomaten in Öl**, klein geschnitten | **1 TL getrockneter Thymian** | **1 TL getrockneter Rosmarin** | **1 EL getrockneter Oregano** | **½ TL Salz** | **frisch gemahlener schwarzer Pfeffer** | **1 frische rote Chilischote**, gehackt | **800 g (2 Dosen) stückige Tomaten** | **¼ l trockener Rotwein** | **2 Lorbeerblätter** | **1 EL Zucker**

Das Olivenöl in einer tiefen Pfanne erhitzen. Die Zwiebel, die Karotten und den Sellerie farbig anschwitzen. Knoblauch, die Tomaten in Öl, die Kräuter, Salz, Pfeffer, getrocknete, gehackte Tomaten und Chili hinzugeben. Die Tomaten aus der Dose und den Rotwein in die Pfanne gießen, die Lorbeerblätter dazugeben und einmal kräftig aufkochen lassen. Dann den Zucker hinzugeben und simmern lassen – je länger, desto besser, mindestens 20–30 Minuten.

FÜR DIE LINSEN-BOLOGNESE:

Zubereitungszeit: ***10 Minuten*** *// Kochzeit:* ***25 Minuten***

2 TL Olivenöl | **1 Zwiebel**, gewürfelt | **200 g frische Champignons**, geputzt, klein gewürfelt | **300 g kleine Belugalinsen**, gewaschen, mindestens 1 Stunde eingeweicht | **75 g Walnüsse**, klein gehackt | **1 TL Salz** | **frisch gemahlener schwarzer Pfeffer** | **Marinarasauce** (siehe Teilrezept) | **⅓ Bund glatte Petersilie**, fein gehackt | **etwas Zucker** | **frisches Basilikum** zum Garnieren

Das Olivenöl in einer Pfanne erhitzen und die Zwiebelwürfel 5 Minuten darin anschwitzen. Die Champignons dazugeben und bei hoher Hitze anbraten. Die Linsen ohne das Wasser dazugeben. Dann die Walnüsse hinzufügen. Mit Salz und Pfeffer würzen und ein paar Minuten bei mittlerer Hitze braten. Jetzt die Marinarasauce hineinmischen und 15 Minuten mit geschlossenem Deckel köcheln lassen. Am Ende für circa 3 Minuten fein gehackte Petersilie unterheben. Mit Zucker, Salz und Pfeffer abschmecken. Drummer's Linsen-Bolo auf die Pasta geben und mit viel frischem Basilikum garnieren.

FÜR DIE NUDELN:

Kochzeit: ***siehe Aufdruck auf der Nudelpackung***

500 g Nudeln

Die Nudeln nach Packungsanweisung zubereiten. Dann die Nudeln mit der fertigen Linsen-Bolognese servieren.

LASAGNE

*für **1 große Auflaufform***

Muss man zu Lasagne noch etwas sagen? Außer: Ja, auch in vegan schmeckt sie verdammt lecker! Unsere italienische Freundin Alessia hat es hingekriegt, dass hier keinem etwas fehlt. Ganz im Gegenteil, es ist schwer zu glauben, dass hier weder Käse noch Fleisch mit am Start sind. Durch die Bohnen ist die Lasagne reichhaltig und spendet all die wichtigen Proteine, die wir brauchen. Am besten schmeckt sie am Tag danach. Also mache gleich mehr, dann freust du dich noch ein paar Tage später darüber!

FÜR DIE BOHNEN-BOLOGNESE:

Zubereitungszeit: ***15 Minuten*** *// Kochzeit:* ***2 Stunden***

100 ml Olivenöl | **2 mittelgroße Zwiebeln**, geschält, in kleine Würfel geschnitten | **2–3 Stangen Stangensellerie**, in kleine Würfel geschnitten | **1 große Möhre**, in kleine Würfel geschnitten | **½ EL geräuchertes Paprikapulver** | **½ EL gemahlener Paprika edelsüß** | **400 g (1 Dose) Kidneybohnen**, unter fließend kaltem Wasser abgespült | **400 g (1 Dose) weiße Bohnen**, unter fließend kaltem Wasser abgespült | **700 ml (1 Flasche) Tomaten-Passata** | **400 g (1 Dose) ganze geschälte Tomaten** (optional: stückige Tomaten) | **etwa 500 ml Wasser** | **2–3 Lorbeerblätter** (optional: 1 frischer Rosmarinzweig) | **Salz** | **frisch gemahlener schwarzer Pfeffer**

In einem großen Topf das Olivenöl erhitzen. Zwiebeln, Sellerie und Möhrenwürfel hinzufügen und unter mehrmaligem Rühren in ein paar Minuten anbraten, bis alles schön gebräunt ist. Beide Paprikapulver dazugeben und umrühren.

Beiderlei Bohnen in eine Schüssel mit ein wenig Wasser geben und mit den Händen zerquetschen.

Dann die Bohnen zum Gemüse hinzufügen, umrühren und Tomaten, Wasser und Lorbeerblätter oder Rosmarin dazugeben. Alles einmal aufkochen, dann die Hitze reduzieren und auf niedriger Flamme am besten für 2 Stunden unter regelmäßigem Rühren weiterköcheln lassen. Mit Salz und Pfeffer nachwürzen, fertig!

FÜR DIE BÉCHAMELSAUCE:

Kochzeit: ***15 Minuten***

100 g Alsan (oder andere vegane Butter) | **70 g Dinkelmehl** | **1 l Sojamilch** | **1½ TL Salz** | **2 große Prisen gemahlene Muskatnuss**

In einem Topf die Alsan zum Schmelzen bringen. Dann mithilfe eines Schneebesens das Mehl in die geschmolzene Butter einrühren. Sind Mehl und Alsan gut miteinander verbunden, die Sojamilch langsam unter ständigem Rühren einfließen und noch mal aufkochen lassen. Salz und Muskat hinzufügen und weiterrühren. Bitte immer die Konsistenz prüfen, die Sauce sollte nicht zu fest, aber auch nicht zu flüssig sein. Vom Herd nehmen und für Lasagne oder anderes Gemüse verwenden.

FÜR DEN VEGANEN PARMESAN:

Zubereitungszeit: ***2 Minuten***

200 g Mandeln, Cashew- oder Pinienkerne | **15 g Hefeflocken** | **1 TL Salz**

Alles in einen Hochleistungsmixer geben und ganz kurz grob körnig mixen, fertig!

FÜR DIE LASAGNE:

Zubereitungszeit: ***5 Minuten*** *//*
Backzeit: ***30–40 Minuten***

1 Packung Lasagneblätter (achte darauf, dass sie kein Ei enthalten) | **Alsan** (oder andere vegane Butter) | **1 gute Handvoll frische Basilikumblättchen**

Den Backofen auf 180 °C Umluft vorheizen.

Wir haben nun alle Einzelteile für die Lasagne vorbereitet, jetzt geht es ans Schichten. Dafür eine dünne Schicht Béchamelsauce in die Auflaufform streichen, damit die Lasagneblätter unten nicht festkleben. Hier gerne auch schon eine dünne Schicht Bolognese (Lorbeerblätter entfernen!) dazugeben und beides leicht vermengen. Dann ein paar Scheiben Alsan dazwischengeben, bevor die erste Schicht Nudelblätter auf die Sauce gelegt wird. Nun mithilfe eines Schöpflöffels wieder eine Schicht Béchamelsauce und eine Schicht Bolognese einfüllen – dieses Mal darf es etwas mehr sein als bei der ersten Schicht. Beide Saucen leicht vermischen, wieder ein paar Scheiben Alsan obendrauf und erneut eine Schicht Nudelblätter drüber. Diesen Vorgang wiederholen, bis die Auflaufform bis fast ganz oben gefüllt ist. (Optional passt zwischen alle Saucen und Nudelschichten auch etwas veganer Parmesan.)

Die allerletzte Schicht Sauce ist etwas dünner als die anderen Schichten (ähnlich wie die erste Schicht), diese am Schluss mit veganem Parmesan bestreuen. Bevor die Lasagne für 30–40 Minuten in den Ofen kommt, noch ein paar Stücke Alsan obenauf legen.

Wenn die Lasagne fertig ist, aus dem Ofen nehmen und für circa 10 Minuten auskühlen lassen., Mit frischem Basilikum servieren. Guten Appetit!

SPIRULINA-HIRSE MIT OFENGEMÜSE

für **4 Portionen** // *Zubereitungszeit:* **5 Minuten** // *Kochzeit:* **20 Minuten** // *Einwirkzeit:* **10 Minuten**

Dieses Hirse-Rezept passt ganz hervorragend als Basis für einen leckeren Salat. Befülle ein Gefäß zur Hälfte mit der Spirulina-Hirse und packe leckeren, frischen Salat obenauf – das ist gesund und nahrhaft und somit ein perfekter und schneller Lunch fürs Büro.

FÜR DAS OFENGEMÜSE:

150 g Kirschtomaten, halbiert
1 Zwiebel, geschält, in kleine Würfel geschnitten
200–300 g Gemüse (grüner Spargel, grüne Bohnen, Auberginen, Zucchini, Pilze)
2 EL geröstetes Sesamöl
½ TL Salz
1 EL schwarzer und weißer Sesam

OPTIONAL: **etwas Ahornsirup**

FÜR DIE HIRSE:

280 g Hirse
360 ml Wasser
1 TL Salz
1½ EL Olivenöl
1 EL Spirulina (Pulver)
2–2½ EL Tamari
½ EL Zitronensaft

Den Backofen auf 200 °C Unter-/Oberhitze vorheizen.

Das vorbereitete Gemüse in eine ofenfeste Form geben, mit Öl, Salz und Sesam bestreuen (bei Bedarf auch etwas Ahornsirup darüberträufeln) und für 20 Minuten in den Backofen geben.

Die Hirse in einem Sieb gut abspülen. Dann mit dem Wasser und Salz in einen Topf geben und zum Kochen bringen. Auf mittlere Hitze reduzieren und circa 15 Minuten köcheln lassen, bis das Wasser komplett verdampft ist. Dann den Topf vom Herd nehmen und mit geschlossenem Deckel weitere 10 Minuten quellen lassen.

Danach die Hirse in eine Schüssel füllen, das Olivenöl darübergeben und mit einer Gabel sanft einrühren; etwas abkühlen lassen. Nun Spirulina, Tamari und Zitronensaft untermischen und vorsichtig umrühren.

Das Gemüse zur Hirse servieren.

TIPP: ***Wir lieben die Version mit Ofengemüse. Hier kannst du aus jeglichen Gemüsesorten deiner Wahl auswählen. Das geröstete Sesamöl gibt dem Ganzen die Krönung.***

CAPONATA

für ***4–6 Portionen*** *// Zubereitungszeit:* ***15 Minuten*** *// Kochzeit:* ***30 Minuten***

Es gibt so viele Varianten für dieses süditalienische »Armeleuteessen«! Aber das hier ist mit Abstand die beste – natürlich von Alessia, von wem sonst?! Sie kommt nur mit Auberginen und Sellerie daher und ist sowieso immer vegan. Wie bei den Currys aus Thailand hat auch jede Familie ihr eigenes Rezept für Caponata. Auch für Menschen, die eigentlich keine Aubergine mögen, ist dieses Gericht ein Gedicht!

3 mittelgroße Auberginen, in Würfel geschnitten | **1 TL Salz + etwas mehr** zum Abschmecken | **3 EL + 100 ml Olivenöl** | **60 g Mandelblättchen** (optional: Pinienkerne oder Pistazien) | **3 EL Tomatenmark** | **1 EL Zucker** | **3 EL Apfelessig** (optional: Weinessig) | **130 g (ca. 2 mittelgroße) Zwiebeln**, geschält, in kleine Würfel geschnitten | **250 g (etwa 5 Stängel) Stangensellerie**, in kleine Würfel geschnitten | **ca. 2 EL in Salz eingelegte Kapern**, unter fließend kaltem Wasser abgespült | **80–90 g Oliven**, entkernt, in Scheiben geschnitten | **250 g Tomaten**, in Würfel geschnitten | **1 Handvoll frisches Basilikum** | **frisch gemahlener schwarzer Pfeffer**

Den Backofen auf 180 °C Umluft vorheizen.

Die Auberginenwürfel mit dem Salz und 3 EL Olivenöl mischen und auf einem Backblech für 25–20 Minuten in den Backofen schieben.

Währenddessen in einer kleinen Pfanne die Mandelblättchen oder Pinienkerne ohne Öl auf mittlerer Stufe braun rösten und beiseitestellen. Vorsicht, beides kann sehr schnell verbrennen!

Das Tomatenmark, Zucker und Essig in eine separate Schüssel geben und gut mischen.

Dann in einer großen Pfanne oder einem Topf das restliche Olivenöl erhitzen. Erst die Zwiebeln hinzufügen und dann Sellerie, Kapern und Oliven dazugeben und für 5 Minuten kochen lassen. Die frischen Tomaten in die Pfanne geben und alles für 15–20 Minuten auf mittlerer Hitze köcheln lassen.

Wenn die Zeit um ist, die süßsaure Tomatenmark-Zucker-Mischung zu dem Gemüse geben, gut umrühren und für weitere 5 Minuten köcheln lassen, bis kein Essigaroma mehr zu riechen ist.

Jetzt die Auberginen hinzugeben und alles sehr gut vermengen. Als Letztes die Mandeln und das frische Basilikum unterheben und vom Herd nehmen. Mit Salz und Pfeffer bei Bedarf nachwürzen.

Dazu passen perfekt frische Nudeln, aber auch mit Brot oder Farinata (Rezept Seite 23) schmeckt Caponata toll. Und hier ist es wie bei vielen Gerichten mit Tomaten: Es schmeckt am nächsten Tag noch besser – und ist auch kalt sehr lecker!

TIPP: ***Zum Vermischen von Tomatenmark, Zucker und Essig eignet sich hervorragend ein altes Marmeladenglas mit Deckel – alle Zutaten hineinfüllen, das Glas verschließen und kräftig schütteln.***

BLACK

PASTA CON I CECI

für ***4–6 Portionen*** *// Zubereitungszeit:* ***5 Minuten*** *// Kochzeit:* ***20 Minuten***

Schnell, gesund und damit auch noch Kinder glücklich machen? Hier hast du dein Rezept. Natürlich stammt es auch wieder von Alessia. Dieses Rezept hat sie von ihrer Mutter gelernt und eine vegane Variante adaptiert. Du kannst das Gericht mit frischen Kirschtomaten oder, je nach Saison, auch mit grünem Spargel noch weiter aufpeppen. Wichtig ist, dass du das Kichererbsenwasser nicht aus Versehen wegschüttest und auch das Nudelwasser für einen Moment aufhebst, um damit eventuell die Konsistenz der Sauce deinen Wünschen anzupassen.

3 EL Olivenöl
2–3 Knoblauchzehen, geschält, gepresst
400 g (1 Dose) Kichererbsen (siehe Zubereitung!)
1 TL Salz (wir nehmen ½ TL Rauchsalz und ½ TL »normales« Salz)
frisch gemahlener schwarzer Pfeffer nach Belieben
300–400 g Nudeln (Empfehlung: kurze Nudeln)
1 Handvoll frisches Basilikum

OPTIONAL: **frische Kirschtomaten**
Rosmarin
Oliven
Kapern
Chili
vegane Speckwürfel

In einer großen Pfanne das Olivenöl erhitzen und den Knoblauch hinzufügen. Wenn der Knoblauch ein angenehmes Aroma verbreitet und bevor er braun wird, die Kichererbsen inklusive dem Kichererbsenwasser (Aquafaba) in die Pfanne geben und auf niedriger Flamme für 10–15 Minuten mit Deckel köcheln lassen. Mit 1 TL Salz und Pfeffer nach Belieben würzen.

Währenddessen die Nudeln in kochendem Salzwasser wie auf der Packung beschrieben zubereiten, jedoch 1 Minute kürzer.

Wenn die Sauce fertig geköchelt hat, mit einer Gabel vorsichtig die Hälfte der Kichererbsen zerdrücken (soll die Sauce nicht so dickflüssig werden, weniger Kichererbsen zerdrücken) und alle optionalen Zutaten zu diesem Zeitpunkt zur Sauce hinzufügen.

Wenn alles gut vermischt ist, die Nudeln in die Pfanne geben und alles miteinander für 1–2 Minuten kochen. Wenn die Sauce zu dickflüssig ist, ein bisschen Nudelwasser hinzugeben.

Mit Salz und Pfeffer abschmecken. Mit frischem Basilikum servieren!

CHILI SIN CARNE

für ***4–6 Portionen*** *// Zubereitungszeit:* ***15 Minuten*** *// Backzeit:* ***20 Minuten*** *// Kochzeit:* ***mindestens 1 Stunde***

Der altbekannte Partyknaller, weil es einfach perfekt vorzubereiten ist. Das Beste: Je länger es köchelt, desto besser schmeckt es. Natürlich können hier vegane Hacksorten, die es im Supermarkt zu kaufen gibt, genutzt werden. Unsere Version kommt mit einem im Ofen gebackenen Tamari-Tofu daher, was sehr wenig Aufwand bedeutet. Unser Tipp: Tamari-Tofu kannst du übrigens auch wunderbar für die Bolognese auf Seite 109 verwenden.

FÜR DAS HACK:

400 g Tofu, natur, zerbröselt | **4 EL Tamari**

FÜR DIE SAUCE:

2 EL Bratöl | **2 Zwiebeln**, geschält, gewürfelt | **700 g (1 Flasche) Tomaten-Passata** | **400 g (2 Dosen) stückige Tomaten** | **2 rote Paprikaschote**, entkernt, gewürfelt | **1 gelbe Paprikaschote**, entkernt, gewürfelt | **800 g (2 Dosen) Kidneybohnen** | **400 g (1 Dose) schwarze Bohnen** (optional: Kidneybohnen, weiße Bohnen, Azuki-Bohnen, Borlotti-Bohnen) | **ca. 330 g (1 Dose) Mais** | **1–2 EL getrockneter Oregano** | **1 TL gemahlener Kreuzkümmel** | **½ TL gemahlene Kurkuma** | **½ TL gemahlener Paprika edelsüß** | **¼ TL gemahlener Paprika scharf** | **frisch gemahlener schwarzer Pfeffer nach Belieben** | **1 ½ TL Zucker** | **1 TL Rauchsalz** (optional: »normales« Salz) – aber wirklich nur bei Bedarf | **1 Becher Creme VEGA**

TOPPING-OPTIONEN:

Avocado | **geriebener veganer Käse (Cheddar Style)** | **eingelegte Jalapeños** | **scharfe Sauce**

Den Backofen auf 200 °C Ober-/Unterhitze vorheizen.

In einer Schüssel den Tofu mit dem Tamari gut vermischen und dann auf einem Backblech gut verteilen, sodass die Krümel nebeneinanderliegen. Das Blech für 20 Minuten in den Backofen schieben. Nach etwa 10 Minuten einmal den Tofu durchmischen, damit auch die andere Seite angebacken werden kann. Wenn die Zeit abgelaufen ist, den Ofen ausschalten und das Blech bis zur Weiterverarbeitung im geschlossenen Ofen lassen.

Währenddessen in einem großen Topf das Öl erhitzen und die Zwiebeln für 3 Minuten glasig bis goldbraun anbraten. Dann nacheinander die Tomaten-Passata, die stückigen Tomaten, rote und gelbe Paprikawürfel, die beiden Bohnensorten und Mais in den Topf geben und alles zusammen aufkochen. Jetzt ist auch der Zeitpunkt, an dem alle Gewürze dazugegeben werden – mit dem Salz noch warten, denn es ist gut möglich, dass durch das Tamari im Tofu alles salzig genug wird! Die Temperatur etwas herunterschalten und alles mindestens 30 Minuten köcheln lassen. Immer mal wieder umrühren.

Nach Ablauf der 30 Minuten den Tamari-Tofu unterrühren und abschmecken. Bei Bedarf mit allen Gewürzen, besonders aber mit Salz nachwürzen. Empfehlenswert ist es nun, das Chili noch 1–2 Stunden auf sehr kleiner Flamme mit geschlossenem Deckel weiterköcheln zu lassen, dann wird es schmackhafter. Wenn es dann noch einmal komplett abkühlt und wieder erwärmt wird, schmeckt es sogar noch mal besser.

Serviere das Chili mit 1 Löffel Creme VEGA pro Teller.

TIPP: ***Sehr gut passen gekochter Reis, Quinoa, Nudeln sowie gesalzene Tortilla-Chips dazu.***

KARTOFFELGRATIN MIT »SPECK«

für ***4–6 Portionen*** *// Zubereitungszeit:* ***20 Minuten*** *// Backzeit:* ***60 Minuten***

Ein Gratin darf hier nicht fehlen. Du kannst noch frische oder angebratene Pilze hinzufügen, mit Erbsen, Brokkoli und/oder Möhren Farbtupfer in den Auflauf bringen. Ansgars Lieblingsversion ist übrigens mit Rosenkohl. So oder so schmeckt es lecker! Der vegane Speck gibt dem Ganzen die nötige Würze. Serviere das Gratin mit einem leichten grünen Salat oder – was sonst? – Brokkoli.

1 EL Alsan (optional: andere vegane Butter) | **100 g Smoked Seitan-Rolle oder Seitan Chorizo**, klein gewürfelt (optional: 200 g zerkrümelter Räuchertofu mit etwas Öl, Tamari und Ahornsirup anbraten) | **2 EL Kokosöl** | **1,5 kg Kartoffeln**, geschält, in dünne Scheiben gehobelt

OPTIONAL: **1 große Zwiebel**, geschält, in Ringe geschnitten

FÜR DIE SAUCE:

120 g Cashewkerne | **350 ml ungesüßte pflanzliche Milch** | **350 ml Gemüsebrühe** | **1 EL Tapiokastärke** | **1 TL gemahlener Paprika edelsüß** (optional: gemahlener Smoked Paprika) | **frisch gemahlener schwarzer Pfeffer** | **3 EL (20 g) Hefeflocken** | **1 ½ TL Salz** | **2 TL Zwiebelpulver** (optional: 2 Zwiebeln, geschält, gewürfelt) | **1 TL Knoblauchpulver** (optional: 1 Knoblauchzehe, geschält, zerdrückt) | **1 Prise gemahlene Muskatnuss**

TOPPING-OPTIONEN:

frische Petersilie, gehackt | **etwas gemahlener Paprika**

ALTERNATIVE GEMÜSE-OPTIONEN: **Rosenkohl, Brokkoli, Erbsen, Möhren, Champignons** – mit etwas Öl in der Pfanne anbraten

Als Erstes die Cashewkerne in eine Schüssel geben, heißes Wasser darübergießen und für die Dauer der Vorbereitungszeit beiseitestellen.

Den Backofen auf 200 °C Ober-/Unterhitze vorheizen. Eine große Auflaufform mit der veganen Butter einfetten. Die Seitanwürfel in einer Pfanne bei mittlerer Hitze mit 1 EL Kokosöl für ein paar Minuten knusprig braun anbraten, herausnehmen, zur Seite stellen.

Für die Sauce die Cashewkerne abspülen und mit allen anderen Saucenzutaten in einen Mixer geben und so lange mixen, bis alles schön flüssig ist. Falls frische Zwiebeln und Knoblauch verwendet werden, diese vorher 2–3 Minuten in der Pfanne mit etwas Öl andünsten.

Die eine Hälfte der Kartoffeln in die Auflaufform geben (es sieht superschön aus, die Scheiben aufzufächern). Die Hälfte der Sauce darübergießen. Dann die Seitanwürfel darüber verteilen und darauf die zweite Hälfte der Kartoffeln geben. Den Rest der Sauce darüber verteilen. Optional noch die Zwiebelringe als Topping obenauf legen.

Das Gratin in 60 Minuten knusprig backen (je nach Dicke der Kartoffelscheiben variiert hier eventuell die Backzeit). Wer mehr Röstaromen möchte, schaltet am Ende noch den Grill zu.

Vor dem Servieren kurz abkühlen lassen und mit frischer Petersilie oder etwas Paprikapulver garnieren.

ACTION FOOD:

BURRITOS MIT PICO DE GALLO Y GUACAMOLE

für **4–6 Portionen** // *Zubereitungszeit:* **30 Minuten** // *Kochzeit:* **60–70 Minuten**

Genau genommen müssten wir hier die Bezeichnung Fajitas nutzen, da Burritos schon vorgerollt sind und die Fajitas selbst gefüllt und gerollt werden. Fajitas waren früher übrigens ein typisches Cowboy-Gericht, da hier Schlachtreste verwertet wurden – aber darüber denken wir gar nicht nach, nennen es Burritos und genießen sie mit Bohnen und Reis.

FÜR DIE GUACAMOLE:

3 große oder 5 kleine reife Avocados, geschält, Kern entfernt | **1 kleine Knoblauchzehe**, geschält, gepresst | **½ TL Salz** | **Saft von ½–1 Limette**

OPTIONAL: **etwas gemahlene Chipotle**

Die Avocado in eine Schüssel geben und mit einer Gabel leicht zerdrücken. Knoblauch, Salz, Limettensaft und, wer mag, Chipotle dazugeben, mit der Gabel weiter zerdrücken und gleichzeitig verrühren. So bleibt die Guacamole etwas stückig. Soll es sehr cremig werden, die Guacamole in einem Mixer zubereiten.

FÜR DAS BOHNENMUS:

800 g (2 Dosen) schwarze Bohnen, gewaschen (optional: Kidneybohnen) | **1 TL Natron** | **1 Dosenmaß Wasser** (nutze eine leere Bohnendose und fülle sie mit frischem Wasser) | **1 Prise Salz** | **½ TL gemahlener Kreuzkümmel**

In einem großen Topf Bohnen und Natron mit dem Wasser aufkochen. Dann die Hitze redzieren und alles etwa 60–70 Minuten im halb zugedeckten Topf köcheln lassen – die Feuchtigkeit soll rauskochen, aber nicht zu schnell. Wenn die Bohnen weich sind und ein schönes Mus ergeben, Salz und Kreuzkümmel untermischen und servieren.

FÜR DAS PICO DE GALLO:

3 Tomaten, in kleine Würfel geschnitten | **½ Salatgurke**, in kleine Würfel geschnitten | **1 rote Paprikaschote**, entkernt, in kleine Würfel geschnitten | **½ grüne Paprikaschote**, entkernt, in kleine Würfel geschnitten | **1 frische Jalapeño-Chilischote** (optional: ½ rote Chili), Kerne entfernt, klein gehackt | **1 Zwiebel**, geschält, in kleine Würfel geschnitten | **Saft von 1 Limette** | **1 TL Olivenöl** | **½–1 TL Salz** | **etwas frisch gemahlener schwarzer Pfeffer**

In einer Schüssel alle Zutaten miteinander vermischen und zur Seite stellen. Kurz vor dem Servieren noch einmal mit Salz und Limettensaft abschmecken.

FÜR DIE BURRITOS:

8 weiche Weizen- oder Maistortillas (rechne mit 2–3 Tortillas pro Person) oder/und 12 Taco Shells | **1–2 Becher Creme VEGA** | **1 Dose Mais**, abgetropft | **1 Glas eingelegte Jalapeños** | **½ Kopfsalat**, in kleine Stücke geschnitten | **200 g gekochter Reis**

OPTIONAL: **geriebener veganer Käse** (Cheddar Style) | **gesalzene Tortilla-Chips** | **scharfe Sauce**

Den Backofen auf 75 °C vorheizen und die Tortillas und/oder Tacos für 1–2 Minuten im Ofen aufwärmen. Vorsicht, denn sind die Tortillas zu lange im Backofen, werden sie beim Rollen brüchig!

Wir haben nun alle Einzelkomponenten für die Burritos oder wahlweise Tacos hergerichtet, nun geht es ans Zusammenbauen und essen.

Tacos sind einfach zu befüllen: Beginne am besten mit den schweren und klebrigen Schichten – also Reis und Bohnen – und arbeite dich dann über Salat, Pico de Gallo und Guacamole durch alle zubereiteten Rezeptbausteine bis zur Creme VEGA vor.

Das Rollen der Burritos stellt schon eine kleine Herausforderung dar. Auch hier ist es am besten, mit Reis und Bohnen zu starten und alles genau in der Mitte der Tortilla zu platzieren. Achtung: Nicht alles auf einem Haufen anrichten, sondern schön in die Länge verteilt auslegen. Dann folgen die Toppings – Mais, Guacamole, Salat, Pico de Gallo et cetera. Nimm nicht zu viel, man muss es ja noch rollen können.

Nun jeweils die linke und rechte Seite der Tortilla in die Hand nehmen, umschlagen und von außen nach innen in die Mitte legen. Die Füllung glatt streichen und etwas nach außen ziehen, um alles gut zu verteilen. Dann die beiden Seiten der Tortilla obendrüberlegen – sie ist nun nur noch oben und unten geöffnet. Mit beiden Händen den unteren Teil der Tortilla greifen, über die Mitte legen, mit der Tortilla den Inhalt greifen und die Hälfte fest einrollen.

Den Rest der Tortilla komplett zusammenrollen, und fertig ist der Burrito.

Guacamole und Creme VEGA kannst du auch wunderbar zum Dippen verwenden.

ACTION FOOD:

ARTISCHOCKEN MIT ZWEIERLEI DIPS

für **4 Portionen** // *Zubereitungszeit:* **15 Minuten** // *Kochzeit:* **40 Minuten**

Wir lieben Artischocken, vor allem wenn man die Blätter abzupft und sich wie eine kleine Raupe Nimmersatt bis zum Herz vorfrisst. Jedes Blättchen wird gedippt, wahlweise süß oder scharf. Das Herz schmeckt dann am besten mit dem Rest der Saucen. Oftmals sind die Artischocken so groß, dass man nichts außer ein wenig Salat oder Kartoffeln dazu isst, ansonsten sind sie auch eine delikate Vorspeise.

FÜR DIE ARTISCHOCKEN:

4 große Artischocken (pro Person 1 Artischocke) | **etwas Salz** | **1 Zitrone**, in Scheiben geschnitten

FÜR DIE SCHARFE CRÈME FRAÎCHE:

1 Becher Creme VEGA | **1–2 TL Harissa** (gibt es in jedem Bioladen oder Supermarkt zu kaufen und ist immer vegan) | **1 Spritzer Limette** | **Salz nach Belieben**

FÜR DIE SENFSAUCE:

1 Bund Petersilie, gehackt | **1 kleine Zwiebel**, in feine Würfel geschnitten | **4–5 EL süßer Senf** | **3 EL Olivenöl** | **½ TL Salz** | **Wasser**

Die Artischocken putzen, den Stiel entfernen und die groben kleinen Blätter ganz unten entfernen. Die Artischocken in einem großen Kochtopf nebeneinander aufstellen und komplett mit Salzwasser bedecken. Die Zitronenscheiben dazwischen verteilen und dann für gut 35 Minuten kochen, die genaue Kochzeit hängt von der Größe der Artischocken ab. Die Artischocken sind fertig gekocht, wenn sich die Blätter sehr leicht abziehen lassen.

Währenddessen für die scharfe Crème fraîche die Creme VEGA mit den anderen Zutaten vermengen. Schmecke ab, wie scharf du es haben möchtest.

Für die Senfsauce alle Zutaten vermischen. Je nach Senfsorte kann es sein, dass etwas Wasser hinzugefügt werden muss, damit es etwas flüssiger ist. Die Sauce ist zum Dippen, also sollte sie nicht zu flüssig sein, aber eben auch nicht zu fest.

Wenn die Artischocken, nachdem die Blattprobe erfolgt ist, fertig sind, kurz mit kaltem Wasser abspülen und sofort servieren.

Jetzt beginnt der Spaß direkt am Tisch. Du benötigst eine große »Müllschüssel« in der Mitte des Tisches, denn nun werden die Blätter vom Rand aus abgezupft und nur der untere, etwas dickere Teil wird gegessen. Diesen in eine der beiden Saucen dippen und genießen. Den Rest in der Schüssel entsorgen. Immer weiter, immer weiter. Die Blätter werden weicher und es kann immer mehr von den einzelnen Blättern verzehrt werden.

In der Mitte der Artischocke befindet sich das Herz, das wirklich der beste Teil ist. Nicht erschrecken: Das Herz ist von Haaren überzogen. Diese sind mit einem scharfen Messer aber sehr leicht zu entfernen.

ACTION FOOD:

PIZZA OHNE KÄSE

reicht für ***ca. 6 Pizza-Gänge*** *// Zubereitungszeit:* ***15 Minuten*** *// Kochzeit/Gehzeit:* ***1 Stunde*** *// Backzeit:* ***10 Minuten***

Man kann aus dem Pizzabacken auch eine Wissenschaft machen. In Berlin existiert sogar eine Pizza-Akademie und in England ein ganzer Studiengang für angehende Pizzabäcker. Wir möchten hingegen die einfachste Form der Pizza vorstellen. Eine, die wir schnell mal machen, wenn der Familie spontan einfällt, dass sie Bock auf Pizza hat.

FÜR DEN TEIG:

500 g Dinkelmehl | 1 TL Salz | 6 EL Olivenöl | 1 Packung Trockenhefe | 1 Prise Zucker | 200 ml lauwarmes Wasser

FÜR DIE SAUCE:

1 EL Olivenöl | 1 Zwiebel | 1 Knoblauchzehe | 800 g (2 Dosen) Tomaten oder 1 Flasche (700 g) Tomaten-Passata | 1 TL Zucker oder Sirup oder Xylit | **1 TL Oregano oder Basilikum | Salz | frisch gemahlener schwarzer Pfeffer**

FÜR DEN BELAG, JE NACH WUNSCH:

frische Champignons, geputzt, in dünne Scheiben geschnitten | **Paprikaschote**, entkernt, in dünne Scheiben geschnitten | **Mais** (aus der Dose oder aus dem Glas), abgetropft | **Zwiebeln**, geschält, in dünne Streifen geschnitten | **Spinat**, gewaschen, abgetropft | **Kapern**, abgetropft | **eingelegte Artischocken | veganer Reibekäse | vegane Schinkenwurst**, in dünne Scheiben geschnitten | **Jalapeños | vorgegarte Kartoffelscheiben** (die Kinder lieben es!) | **gebratene Auberginen- oder Zucchinischeiben**

ZUM SERVIEREN:

frische Basilikumblätter | frischer Rucola | Olivenöl | Chiliöl | getrockneter Oregano

Alle trockenen Teigzutaten (immer erst trocken, dann nass) in eine Schüssel geben, vermischen. Die anderen Zutaten hinzugeben und kneten. Wenn der Teig einheitlich geschmeidig und fest ist, mit einem Tuch bedecken und gehen lassen – mindestens 45 Minuten, bis die Größe sich etwa verdoppelt hat.

In der Zwischenzeit die Tomatensauce zubereiten: Das Öl in der Pfanne erhitzen. Darin die Zwiebeln 3 Minuten andünsten. Den Knoblauch zugeben und weitere 2 Minuten mitdünsten. Die Tomaten und den Zucker hinzugeben und 30 Minuten mit offenem Deckel köcheln lassen. Die Kräuter hinzugeben 5 Minuten weiterköcheln lassen. Am Ende mit Zucker, Salz und Pfeffer abschmecken.

Den Backofen auf der heißesten Stufe Ober-/Unterhitze vorheizen. Je mehr Hitze, desto besser. Damit die Feuchtigkeit aus der Sauce gut entweichen kann und den Teig in der Mitte nicht matschig macht, funktioniert ein Ofengitter mit Backpapier besser als ein Backblech. Am besten jedoch ist ein Pizzastein. Wir benutzen dazu noch einen Pizzaschieber, damit der Teig auf dem Tisch belegt werden kann. Immer nur eine Pizza mittig im Ofen backen.

Den Teig in 6 etwa gleich große Stücke teilen. Ein Stück nach dem anderen auf einer mit Mehl bestäubten Fläche ausrollen, so dünn wie möglich. Nun nach Belieben belegen und ab in den Ofen, bis die ersten Blasen im Teig aufsteigen und knusprig braun werden – je nach Hitze bei etwa 230 °C dauert das circa 5 Minuten.

ROSTFREI

FLAMES-OF-FAME-FLAMMKUCHEN

reicht für ***ca. 6 Flammkuchen-Gänge*** *// Zubereitungszeit:* ***15 Minuten*** *// Kochzeit/Gehzeit:* ***30 Minuten*** *//*
Backzeit: ***5–10 Minuten***

Flammkuchen ist noch einfacher als Pizza, da die Sauce nicht gekocht werden muss. Ansonsten verwenden wir den gleichen Teig wie bei der Pizza, nur ohne Hefe. Klassisch ist der Flammkuchen mit Zwiebeln und Speck belegt. Aber er schmeckt auch vorzüglich mit abgefahrenen Kombinationen wie Birne und Thymian, Radicchio und Apfel, Pesto und frischem Spinat und und und …

FÜR DEN TEIG:

500 g Dinkelmehl | 1 TL Salz | 6 EL Olivenöl | 200 ml lauwarmes Wasser

Alle trockenen Zutaten (immer erst trocken, dann nass) in eine Schüssel geben, dann Öl und Wasser zugeben und alles miteinander verkneten. Wenn der Teig einheitlich geschmeidig und fest ist, in eine Klarsichtfolie wickeln, damit er 30 Minuten schwitzen kann.

FÜR DIE SAUCE:

2–3 Becher Creme VEGA | 4 EL pflanzliche Milch | 1 TL Salz

FÜR DAS TOPPING:

4–6 weiße oder rote Zwiebeln, geschält, gewürfelt | **100 g vegane Smoked Wurst | frisch gemahlener schwarzer Pfeffer**

OPTIONEN ZUM BELEGEN UND WÜRZEN:

Birnen, entkernt, in sehr dünne Scheiben geschnitten | **Apfel**, entkernt, in sehr dünne Scheiben geschnitten | **Radicchio | Thymian | Rosmarin | rotes oder grünes veganes Pesto | frischer Spinat oder Rucola**

Die Creme VEGA mit etwas Pflanzenmilch und dem Salz verrühren, sodass sie eine weichere Konsistenz erreicht und du sie auf dem Teig verstreichen kannst.

Den Backofen auf heißester Stufe Ober-/Unterhitze vorheizen.

Den Teig in 6 gleich große Teile schneiden und einen Teil nach dem anderen auf einer bemehlten Fläche dünn ausrollen.

Den ausgerollten Flammkuchenteig mit der Sauce bestreichen und mit reichlich Zwiebel- und Wurststücken belegen. Den Flammkuchen in den Ofen schieben und circa 5 Minuten backen, bis der Teig goldbraun wird. Mit frisch gemahlenem Pfeffer servieren. Guten Appetit!

GUT ZU WISSEN: ***Auch hier gilt das Gleiche wie für die Pizza: Ein Pizzastein ist perfekt, Gitter mit Backpapier ist besser als ein Backblech. Aber mit etwas Übung geht auch das. Je heißer der Ofen ist, desto besser und schneller geht es. Oft gelingt die erste Fuhre nicht so gut wie die folgenden … Du wirst sehen, es ist alles keine Zauberei und macht viel Spaß. Die einzelnen Flammkuchen werden so schnell fertig, dass, wenn einer im Ofen ist, der nächste belegt werden und der vorherige gegessen werden kann. Viel Spaß!***

ACTION FOOD:

BURGER-PATTIES MIT BURGER-SAUCE

reicht für ***6–10 Patties*** *// Zubereitungszeit:* ***15 Minuten*** *// Einwirkzeit:* ***30 Minuten*** *// Koch-/Back-/Grillzeit:* ***ca. 10 Minuten***

Die Welt der veganen Burger aus dem Supermarkt ist groß und es ist inzwischen leicht, fertige und schmackhafte Patties zu finden. Die sind (meistens) lecker und schnell zubereitet. Einfach in die Pfanne schmeißen, kurz anbraten, fertig! Aus welchen Zutaten diese Patties bestehen, wissen wir dabei aber meistens nicht – oder lest ihr immer penibel die Zutatenliste? Das ist bei unseren selbst gemachten Burger-Patties anders. Die bestehen nur aus natürlichen Zutaten, sind gesund und natürlich megalecker. Und ganz nebenbei macht es viel Spaß, mit den Händen die Masse zu mischen und Bällchen daraus zu formen – wie früher im Sandkasten.

FÜR DIE PATTIES:

3 EL Flohsamenschalen | **6 EL Wasser** | **2 EL Öl** | **2 kleine Zwiebeln**, in Würfel geschnitten | **150 g Champignons**, geputzt und in kleine Würfel geschnitten | **1,5 EL Rauchsalz** | **200 g Süßkartoffeln**, gerieben | **200 g Rote Bete**, gerieben | **75 g Walnüsse**, klein gehackt | **400 g (1 Dose) Kidneybohnen**, gewaschen und zerdrückt | **75 g Haferflocken** | **1 TL gemahlener Koriander** | **1 TL gemahlener Kreuzkümmel** | **1 TL gemahlener Paprika edelsüß** | **½ TL frisch gemahlener schwarzer Pfeffer** | **40 g Kartoffelmehl** | **Saft von ½ Zitrone** | **100 ml Bratöl**

OPTIONAL: **veganer Käse in Scheiben**

FÜR DIE BURGER-SAUCE:

Zubereitungszeit: ***2 Minuten***

1 kleine Möhre | **150 g Ketchup** | **75 g vegane Mayonnaise** | **½ EL italienische Kräuter** | **etwas Salz** | **1 kleine Prise Cayennepfeffer**

AUSSERDEM: **6–10 Brötchen**

OPTIONEN ZUM BELEGEN:

veganer Käse | **Salat** | **Essiggurken** | **Tomaten** | **Sprossen** | **gebratene Zwiebeln** | **Jalapeños**

Die Flohsamenschalen mit dem Wasser in eine große Schüssel geben. 2 EL Öl, Zwiebeln und Champignons in eine große Pfanne bei mittlerer Hitze für einige Minuten anbraten. Dann alle weiteren Zutaten zu den Flohsamenschalen in die Schüssel geben und mit den Händen vermengen. Die Masse für 30 Minuten kalt stellen.

In der Zwischenzeit die Burger Sauce zubereiten. Dafür erst die Karotte in einem Mixer grob zerhacken. Dann die restlichen Zutaten dazugeben, kurz mixen, fertig!

HINWEIS: ***Vorsicht mit Cayennepfeffer, wenn Kinder mitessen! Lieber weniger nehmen und im Zweifelsfall weglassen.***

Aus der Masse 6–10 Patties – je nach Größe der Brötchen – formen und in der Pfanne mit etwas Öl von beiden Seiten für ein paar Minuten kross anbraten, im Backofen bei 175 °C pro Seite etwa 7 Minuten backen oder direkt auf den Grill legen. Es funktionieren alle drei Varianten wunderbar. Darf's ein »Cheeseburger« sein? Dann den veganen Käse kurz vor dem Servieren auf die Patties legen, damit er noch etwas schmilzt.

Die Innenseiten der Brötchenhälften mit Burger-Sauce bestreichen und die Patties – eines je Brötchen – nach Wahl belegen: veganer Käse, Salat, Essiggurken, Tomate, Sprossen, gebratene Zwiebeln, Jalapeños et cetera.

GRILL AND CHILL:

WIE DU VOLL GECHILLED GEMÜSE GRILLST

ANSGAR:

»Ich war früher ein echter Fleisch-Fan. Dementsprechend viel habe ich auch gegrillt. In Deutschland bedeutet Grillen ja oft: Würstchen auf den Grill, und gut ist. Da ich mich aber seit meiner Jugend oft in den USA aufhielt, war ich auch sehr vom American BBQ inspiriert. Vor allem das indirekte Grillen bei niedriger Temperatur im Smoker hatte es mir angetan. Die Obsession ging so weit, dass ich sogar über ein Restaurant nachdachte. Ich bin da echt total eingestiegen, hab mich über verschiedene Holzarten informiert, die dem Fleisch verschiedene Aromen zufügen, und so weiter. Daneben habe ich eine halbe Online-Fleischerlehre absolviert und ewig nach einem richtigen Fleischer in Berlin gesucht. Die gibt es ja mittlerweile fast gar nicht mehr. So war es zum Beispiel eine Riesenherausforderung, eine Rinderbrust mit Fettrand zu bekommen, was in den USA als Brisket bekannt ist, die in Deutschland üblicherweise ohne Fettrand verkauft wird.

Wenn du nun um 18 Uhr zum Grillen eingeladen bist, kannst du ja mal zurückrechnen, wann man dann anfangen muss. Ich habe mir nachts einen Wecker gestellt, damit das auch ja alles so klappt, wie es mein Zeitplan vorsah. Bei mir musste das auch alles immer authentisch sein – also mit Holz und Kohle. Gas gab es bei mir nicht. Und dann stand ich da nachts, kontrollierte die Temperatur alle zwei Stunden, und legte, je nach Bedarf, Holz nach. Tja, und irgendwann war dann der Ofen aus. Die Gäste kamen und erwarteten das beste Fleisch und bekamen gegrilltes Gemüse. Zum Glück waren die Leute trotzdem weiterhin begeistert, weil sie so etwas nicht kannten und auch nicht erwarteten. Meine intensive BBQ-Schule hat sich am Ende dann doch bezahlt gemacht, denn die Auberginen perfekt hinzubekommen, braucht schon auch etwas Übung. Wenn dazu dann noch Regines Hammer-Salate serviert werden, ist die Grillparty perfekt. Bei uns vermisst keiner die Wurst oder das Stückchen Fleisch. Und wie das genau funktioniert, erklären wir euch jetzt.«

ANSGARS-GEMÜSE-GRILLTIPPS

Grundsätzlich: Beim Grillen geht's um Röstaromen. Diese sind wichtig – aber Vorsicht: auch etwas ungesund! Da Gemüse nicht so viel Fett hat wie Fleisch, muss man hier etwas anders arbeiten. Allgemein gesprochen grille ich Gemüse scharf an und arbeite mit viel Öl. Am Ende muss es geschmacklich schon auch richtig knallen!

TECH TALK

Wir möchten hier keine Wissenschaft daraus machen und auch nicht die verschiedenen Varianten und Möglichkeiten auflisten und vorstellen, denn das wäre genug Stoff für ein eigenes Buch. Ich möchte hier dennoch kurz darstellen, wie ich Gemüse grille und wie es für mich nach jahrelangem Ausprobieren funktioniert, und das offensichtlich auch für unsere Gäste, die meist völlig begeistert nach Hause gehen, ohne ein gegrilltes Stück Tier zu sich genommen zu haben.

HARDWARE

Der Grill: Ich grille im Grillkamin. Das funktioniert für mich am besten, weil er die Eigenschaft hat, die Hitze zu halten. Die Temperatur schwankt nicht so sehr wie im Kugelgrill, dafür kann man im Kugelgrill abartige Temperaturen erreichen, die beim Öffnen des Deckels jedoch auch sofort wieder weg sind.

Das Brenngut: Ich verwende Kohle. Keine spezielle. Ich mache da keine Wissenschaft mehr draus. Möglichst heiß muss es sein, was Gas einfach nicht schafft. Und da man beim Gemüsegrillen kürzere Grillzeiten als beim Fleisch braucht, reicht auch die kurze Hitzephase der Holzkohle aus. Achte darauf, dass die Kohle ordentlich durchgezogen ist – die Kohle ist zum Großteil weiß – und keinen Rauch mehr bildet. Der Rauch ist ungesund.

Anzündkamin: Unbedingt anschaffen! Zum Anzünden der Grillkohle ist ein Anzündkamin ein Muss. So funktioniert das Anzünden schnell und läuft fast wie von selbst, ohne ständiges Zutun.

Grillanzünder: Auch hier mache ich keine Wissenschaft draus und kaufe einfach günstige Grillanzünder-Tabs. Mit einem Anzündkamin funktionieren sie wunderbar und sie sind sparsam. Es reicht ein Tab zum Anzünden der gesamten Grillkohle.

Grillzange: Eine Grillzange fürs Gemüsegrillen muss besonderen Ansprüchen genügen, weil Gemüse in der Regel kleinteilig ist und oft gewendet werden muss. Daher sollte die Zange auch eine spitze Aufnahme haben, mit der man gezielt arbeiten kann, was auch den Vorteil hat, dass man sie nicht so lange über der Hitze zu halten braucht, um ein Stück Zucchini zu greifen. Aufgrund der hohen Hitze gilt hier die allseits bekannte Regel: Auf die Länge kommt es an!

Hitzehandschuh: Unbedingt erforderlich, da man stellenweise etwas länger über der Hitze arbeiten muss, als man es vom Steak-Grillen her kennt.

Grillblech oder Grillschale: Zur optimalen Versorgung von Öl und zur Erhöhung der Hitze ist bei mir die Ölwanne immer dabei. Ich nehme nicht die Aluminiumdinger, sondern ich habe eine aus Edelstahl. Aluminium bitte beim Grillen vermeiden, da es äußerst umwelt- und gesundheitsschädlich ist, und das erst recht, wenn es heiß wird.

Gemüsekorb: Nehme ich weniger oft, ist aber ganz praktisch, wenn man das kleinteilige Wenden vermeiden möchte. In diesem Korb grillst du ausschließlich festes Gemüse, das auch beim Grillen nicht weich wird und das von der Konsistenz her so beschaffen ist, dass es das Wenden und Schütteln gut übersteht, etwa Kartoffeln, Pilze, Bratpaprika (Pimientos de Padrón). Der Korb sollte nur mit einer Sorte Grillgut befüllt werden – wegen unterschiedlicher Garzeiten – und sollte niemals so voll gefüllt werden, dass nicht alles im Korb gleichzeitig die direkte Hitze abbekommen kann.

SOFTWARE – DAS GRILLGUT

Auch hier wollen wir nur kurz unsere Klassiker vorstellen, die bei uns immer mit von der Partie sind. »Größer, schneller, weiter« geht immer, würde hier aber den Rahmen sprengen. Die Reihenfolge dieser Auflistung ist die Reihenfolge, in der die Gemüsesorten auf den Grill kommen (sprich: Garzeiten).

Öl: Dein Hauptgrillpartner! Beim Öl solltest du darauf achten, dass du ein Öl nimmst, das eine sehr hohe Hitzebeständigkeit hat. Der Grill wird zwar im Idealfall so heiß, dass das jenseits jeder Hitzebeständigkeit von Öl liegt, aber je höher die Hitzebeständigkeit ist, desto weniger ungesunde und krebserregende Transfette werden entstehen. Wir nehmen Bratöle aus Sonnenblumenkernen; ein hochwertiges Brat-Olivenöl ist auch geeignet. Kokosöl ist ebenfalls sehr hitzebeständig, das muss aber vorher durch Erwärmen verflüssigt werden. Normales Olivenöl oder andere Öle nehme ich nur zum Beträufeln danach. Achte darauf, dass das Öl nicht in die Glut tropft. Öl verbrennt sofort und die ungesunden Transfette spritzen auf dein Grillgut. Außerdem verrußt dein Grillgut.

Kartoffeln werden vorher gekocht, bis sie fast gar sind (zum Beispiel 10 Minuten), und kommen meist als Erstes auf den Grill, und zwar in einer Grillschale, mit reichlich Öl beträufelt. Einzeln wenden, bis alle Seiten eine braune Kruste bekommen. Die Kartoffeln können auch direkt auf dem Grillrost gegrillt werden, dann musst du sie aber beobachten, da das Braunwerden schneller geht. Die Kartoffeln trocknen in diesem Fall etwas aus. Nach dem Herausnehmen kannst du sie dann mit Öl beträufeln.

Blumenkohl, Paprika, Brokkoli in große Scheiben schneiden. Brokkoliröschen halbieren, Blumenkohl und Paprika im Ganzen achteln. Vorzugsweise lieber in der Schale mit Öl grillen, obwohl man die größeren Stücke auch gut auf dem Rost grillen kann. Dann solltest du sie regelmäßig mit Öl bestreichen. Bei der Paprika ist das Bestreichen nicht so wichtig wie beim Blumenkohl.

Pilze, Zucchini, Auberginen und Süßkartoffeln in Scheiben schneiden. Die Scheiben grille ich vorzugsweise in der Schale mit Öl. Diese Gemüsesorten und Pilze nicht aus dem Grill nehmen, bevor nicht beide Seiten deutlich braun gegrillt sind. Man kann diese auch auf dem Grillrost grillen, Zucchinis eignen sich hierfür besser als Auberginen oder Süßkartoffeln. In diesem Fall regelmäßig die Oberfläche mit einem Pinsel mit Öl bestreichen, aufpassen, dass das Öl nicht in die Glut tropft, und regelmäßig wenden. Auberginen tendieren dazu, ohne Öl lederig zu werden, Zucchinis werden schnell weich. Wenn sie allerdings genug Öl und genug Hitze bekommen, werden beide schön braun, geschmackvoll und würzig. Also erst entnehmen, wenn beide Seiten deutlich braun gegrillt sind, immer schön Öl hinzufügen oder nachträglich mit Olivenöl beträufeln.

Bratpaprika (Piementos de Padrón) eignen sich gut für den Grillkorb. Vorzugsweise grille ich diese auch in der Grillschale, es funktioniert aber auch auf dem Rost. Regelmäßig wenden, bis alle Seiten braune Stellen haben. Wenn sie durch die Hitze nicht geplatzt sind, durch Einstechen etwas nachhelfen. Vor dem Servieren mit grobkörnigem Salz bestreuen.

Zwiebeln in Scheiben (Zwiebelringe) schneiden, **Knoblauch** schälen und ganz lassen. Zusammen mit etwas Öl in der Grillschale grillen und wenden, bis alles braun und teilweise schon knusprig wird.

Lauchzwiebeln sind einfach zuzubereiten, weil man diese einfach obenauf legen kann. Vorsicht, wenn diese zu viel Hitze ausgesetzt sind, werden sie schnell schwarz. Sie sind dann immer noch genießbar, wenn man die verbrannte Hülle entfernt.

PRODUKTE – FLEISCHALTERNATIVEN

Industriell hergestellte Produkte, insbesondere die direkten Fleischprodukt-Alternativen, stehen bei uns nicht im Vordergrund. Sie sind für uns maximal Beilagen. Jedoch ist es auch mal schön, in etwas herzhaft Würziges zu beißen und sein Junkfood-Bedürfnis zu befriedigen. Außerdem eignen sich diese Produkte gut als Träger für geschmacksintensive BBQ-Saucen, Ketchup oder Mayonnaise. Und letztendlich lieben Kinder Ketchup und Co. Aber Vorsicht! Hier gibt es echt miese Produkte auf dem Markt – einer der Hauptgründe, warum der vegane Lebensstil bei vielen Fleischfressern belächelt wird und einen schlechten Ruf innehat.

Wir können und wollen hier aber keine konkrete Produktempfehlung aussprechen, da es erstens Geschmackssache und -gewöhnung ist und ständig neue Produkte auf den Markt kommen. Auch wir sind immer wieder am Ausprobieren und haben den Eindruck, dass die Qualität der Fleischalternativen immer besser wird.

Vielleicht doch eine Empfehlung: Wir kaufen, wenn wir Würstchen wollen, die Chorizo oder die Merguez von Wheaty oder auch deren Grill-Mix, mit dem leckeren Pfeffer-»Steak«.

TIPP: ***Vergleiche nicht das Produkt der Fleischalternative mit dem Original. Versuche stets, diese Produkte als etwas Eigenständiges zu sehen beziehungsweise zu schmecken. Lass dich auf den Geschmack ein und versuche, die Produktbezeichnung auszublenden. Diese dient maximal dem Marketingzweck.***

HINWEIS: ***Die hier genannten veganen Fleischalternativen sind auch »roh«, also direkt aus der Verpackung, verzehrbar. Sie sind also ein super Geheimtipp für eine würzige Mahlzeit unterwegs!***

Inzwischen gibt es auch vegane Alternativen zu frischen Grillwürstchen oder zu Burger-Patties. Neben den bekannten Tiefkühlprodukten wie von Beyond Meat, Moving Mountains oder Planty Of Meat halte Ausschau nach »frischen« Würstchen oder »frischen« Burger-Patties im Kühlregal. Die gibt es unter anderem auch als Eigenmarke bei Discountern und sind sehr empfehlenswert. Probier dich durch!

PRAKTIKEN

Röstaromen und Farbe: Insgesamt möchte ich festhalten, dass die Farbe sehr wichtig ist. Auch wenn es Gemüse ist, kann es Röstaromen entwickeln und schön braun werden. Allerdings ist die Zugabe von Öl wichtig, das du entweder in die Grillschale füllst, oder du bestreichst das Gemüse während des Grillens oder danach. Wenn Gemüse trotzdem nicht braun werden will, liegt es daran, dass es nicht genug Hitze bekommt. Neben der Hitzequelle und dem Öl kannst du bei den meisten Grills auch noch den Abstand vom Rost zur Hitzequelle einstellen und die Temperatur darüber regulieren.

Timing: Das Timing ist ein weiterer Aspekt, den du berücksichtigen solltest. So bringt es nichts, wenn die Zwiebeln schon anbrennen und sonst noch nichts fertig ist. Im Grunde gehe ich hier so vor, dass ich das Grillgut von groß nach klein, von hart nach weich abgrille. Die Fleischalternativen kommen erst am Schluss. Zuerst die Kartoffeln und die Gemüsescheiben. Die dicken vor den dünnen, die trockenen (Süßkartoffel) vor den feuchten (Zucchini). Wenn sie gar sind, kann ich die Kartoffeln schon vom Grill entfernen und in einem Gefäß dicht beim Grill zum Warmhalten aufstellen. Dann kommen die Zwiebeln und auch die Fleischalternativen an die Reihe. Es wird nie alles genau gleichzeitig fertig sein, aber so hast du schon mal eine gute Reihenfolge, die funktioniert.

BEILAGEN

Saucen: Natürlich dürfen die typischen klassischen »Geschmacksdesigner« wie Ketchup, Mayo, Senf und auch eine coole BBQ-Sauce nicht fehlen! Jetzt grillen wir schon ohne Fleisch, da dürfen auf gar keinen Fall die Saucen fehlen. Auch auf diesem Gebiet ist inzwischen der Markt an Saucen so krass gewachsen, dass wir uns hier nur ganz allgemein für alle Arten von veganen Saucen aussprechen wollen! Wir lieben Saucen. Nur weil es nach unserem Empfinden noch nicht so viele gute vegane Mayonnaise gibt, hier unsere Empfehlung für Homann. Ketchup ist sowieso immer vegan, Senf auch, und BBQ-Saucen ebenfalls.

Was bei uns natürlich auch immer auf dem BBQ-Tisch steht, ist das superschnell zubereitete Zaziki (siehe Rezept auf Seite 31) für die Grillkartoffeln oder unser Quickie-Hummus (siehe Rezept auf Seite 18).

Salate: Regine lässt es sich natürlich nicht nehmen, zu jedem Grillen auch mindestens zwei Salate zu zaubern. So ist immer ein grüner Salat und dazu ein Kichererbsensalat (siehe Rezept auf Seite 65), ein Kartoffelsalat (siehe Rezept auf Seite 55), ein Nudelsalat (siehe Rezept auf Seite 67) oder, ebenfalls super passend, das BBQ-Jackfruit (siehe Rezept auf Seite 59) dabei. Damit werden in jedem Fall alle an einem Grillabend satt.

REINIGUNG UND PFLEGE

Reinigung? Ich reinige den Grill nicht. Nach dem Grillen wird der Rost herausgenommen, Holzscheite werden auf die Glut gelegt und es gibt ein Kaminfeuer – ein weiterer Vorteil eines Grillkamins. Der Rost wird beim nächsten Grillen einfach über die (neue) heiße Kohle gesetzt, fünf Minuten gewartet und mit einer Drahtbürste abgekratzt. Die Hitze tötet sowieso alles an lebenden Organismen oder Bakterien, und wenn der Rost etwas warm geworden ist, lassen sich die alten Rückstände auch superleicht entfernen. Beim veganen Grillen gibt es außerdem keine ekligen tierischen Rückstände oder Fette am Rost. Das Besteck wie Zange oder Wanne kannst du einfach in die Spülmaschine geben, und was daran in den Jahren schwarz geworden ist, bleibt schwarz. Black is beautiful!

SÜSSE SÜNDEN

TOVIVEE

für **12 Stück** // Zubereitungszeit: **5 Minuten**

Unser Großer konnte zuerst gar nicht glauben, dass er da gerade keine »echten« Toffifees schnabuliert, so lecker sind sie. Und dann auch noch ohne Zucker und in gesund. Und schnell und einfach gemacht sind sie auch noch. Was will man mehr?

6 Medjool-Datteln, halbiert, entsteint
6 TL geröstetes Haselnussmus
12 Mandelkerne

In jeweils eine Dattel-Hälfte ½ TL Haselnussmus geben und obendrauf eine Mandel setzen. Fertig!

TEFF-COOKIES

ergibt **ca. 15 Kekse** // Zubereitungszeit: **5 Minuten** // Backzeit: **10 Minuten**

Eine kleine Warnung vorab: Diese Cookies machen süchtig! Sie sind so lecker, schnell und einfach gemacht und dazu noch glutenfrei. Einziger Nachteil: Die Zutaten hat man in der Regel nicht zu Hause, wirklich günstig sind sie auch nicht. Aber glaube uns: Es lohnt sich! Und sag am Ende nicht, wir hätten dich nicht gewarnt.

190 g Teffmehl | ½ TL Salz | ¼ TL gemahlener Zimt | 240 g ungesalzenes Mandelmus (aber gerne geröstet) | **155 g Ahornsirup | ¼ TL Vanilleessenz oder 1 Messerspitze Bourbonvanille | 100 g + eventuell etwas mehr Kokosöl** zum Einfetten des Backblechs, geschmolzen

OPTIONAL: **Fleur de Sel**

Den Backofen auf 180 °C vorheizen. Ein Backblech mit Backpapier auslegen oder mit etwas Kokosöl bestreichen.

Mehl, Salz und Zimt mischen, dann das Mandelmus, den Sirup, die Vanille und das flüssige, aber nicht mehr heiße Öl vorsichtig untermischen, sodass es zu einer gleichmäßigen Masse wird. Mit den Händen circa 15 gleich große Bällchen formen und auf dem Backblech verteilen. Diese mit einer Gabel vorsichtig etwas flach drücken. Wer möchte, kann noch etwas Fleur de Sel auf jeden Klecks geben. Das verleiht dem Ganzen eine spannende Geschmacksnote.

Dann das Blech für circa 10 Minuten in den Backofen geben. Die Konsistenz prüfen, die Kekse sind nach diesen 10 Minuten in der Regel noch etwas weich, werden aber härter, wenn sie abkühlen.

CHOCOLATE CHIP COOKIES MIT MANDELN UND CASHEWS

ergibt ***ca. 18 Kekse*** *// Zubereitungszeit:* ***10 Minuten*** *// Backzeit:* ***12–14 Minuten***

We want Cookies! Dieses Keksrezept ist kinderleicht, es können nämlich auch die Kids zubereiten. Aber vor allem können sie nicht genug davon bekommen. Mögt ihr es nicht ganz so süß, nehmt gerne etwas weniger Zucker oder Xylit, hier gilt aber vor allem der Genussfaktor. Man muss ja nicht immer an die Gesundheit denken – denn Chocolate Chip Cookies machen glücklich, das weiß auch das Krümelmonster!

100 ml Kokosöl (nicht flüssig)
135 g Kokosblütenzucker
90 g Rübenzucker
2 TL Vanilleessenz
120 ml Kokos-Reis-Drink
60 g Apfelmark
280 g Dinkelmehl
1 TL Natron
½ TL Salz
110 g Mandeln, grob gehackt
40 g Cashewkerne, grob gehackt
100 g dunkle Schokolade, in kleine Stücke gehackt

Den Backofen auf 175 °C Umluft vorheizen und ein Blech mit Backpapier auslegen.

In einer großen Schüssel Kokosöl mit den beiden Zuckersorten und der Vanille gut vermengen. Die Pflanzenmilch und das Apfelmark hinzufügen und alles zu einer homogenen Masse mischen.

In einer separaten Schüssel das Mehl, Natron und Salz miteinander vermengen. Die gehackten Mandeln und Cashewkerne unterheben. Dann die trockene Masse in die Schüssel mit den feuchten Zutaten geben und alles gut vermischen. Der Teig ist sehr dick und fest. Ganz am Ende ¾ der Schokoladenstückchen unterheben und mithilfe eines Eiscremeportionierers kleine Häufchen auf dem vorbereiteten Blech auslegen. Die Kekse laufen auseinander, deshalb genug Abstand halten.

Die Kekse für etwa 10 Minuten in den Backofen schieben oder so lange, bis die Ränder der Cookies braun werden, das Innere verlaufen und noch nicht ganz fest ist.

Das Backblech herausnehmen und die restlichen Schokoladenstücke in die Mitte der noch warmen Kekse drücken. Dann für weitere 15 Minuten auskühlen lassen.

FANTA-KUCHEN

für ***1 Springform, ø 26 cm*** *// Zubereitungszeit:* ***5 Minuten + 3 Minuten*** *// Backzeit:* ***ca. 35 Minuten***

Ganz klarer Kindergeburtstagskuchen-Favorit. Er ist sehr schnell zuzubereiten und alleine der Name lässt die Kids Schlange stehen. Mit Streuseln wird der Kuchen und das Leben der Kinder dann noch etwas bunter!

400 g Dinkelmehl | **3 ½ TL Backpulver** | **¾ TL Salz** | **120 g Zucker** (oder Xylit) | **100 ml Kokosöl** | **400 ml Fanta** (oder ähnliche Orangenlimo mit Kohlensäure)

OPTIONAL: **Vanilleessenz**

FÜR DIE GLASUR:

100 g Puderzucker (auch möglich aus Xylit) | **2 EL Fanta**

Den Backofen auf 180 °C (Ober-/Unterhitze) vorheizen. Alle Zutaten der Reihe nach in eine Rührschüssel geben und zügig zu einem glatten Teig verarbeiten. Die Springform mit Backpapier auslegen, den Teig einfüllen und circa 35 Minuten backen (Stäbchenprobe).

Den Kuchen aus dem Ofen nehmen und vollständig auskühlen lassen.

Für die Glasur Puderzucker und Fanta mischen und dann vorsichtig über den Kuchen geben.

MADELEINES

ergibt ***etwa 20 Stück*** *// Zubereitungszeit:* ***10 Minuten*** *// Backzeit:* ***10 Minuten // idealerweise den Teig am Abend vorher machen***

Dies ist die vegane Übersetzung eines Rezepts von Regines Schwester, die in Frankreich lebt. Man schmeckt wirklich keinen Unterschied zu den Madeleines nach Originalrezept und es geht so schnell, dass manchmal noch eine Ladung vor der Schule in den Backofen geschoben wird. Die Madeleines gelingen eh am besten, wenn man den Teig einen Tag vorher zubereitet und über Nacht im Kühlschrank lässt.

180 g Zucker (oder Xylit) | **1 TL Natron** | **1 EL Apfelessig** | **3 EL Apfelmark** | **100 ml pflanzliche Milch** | **Schale und Saft von ½ Orange** | **1 TL Vanilleessenz** | **250 g Dinkelmehl** | **1 Päckchen (17 g) Backpulver** | **120 g Alsan** (oder andere vegane Butter), geschmolzen

OPTIONAL: **Puderzucker zum Bestreuen**
DU BRAUCHST: **Madeleine-Backförmchen aus Silikon**

Zucker, Natron, Apfelessig, Apfelmark, Pflanzenmilch, Orangensaft und -schale und die Vanilleessenz in einer Schüssel gut verrühren. Mehl und Backpulver einrühren und ganz zum Schluss die geschmolzene Alsan unterheben.

Den Backofen auf 250 °C Umluft vorheizen. Die Backförmchen für die Madeleines mit Teig füllen und für 5 Minuten in den Backofen schieben (Timer setzen!). Dann die Temperatur auf 180 °C reduzieren und weitere 4–5 Minuten backen – so bekommen die Madeleines ihre Höcker!

Zum Servieren mit Puderzucker bestreuen oder eine Seite in geschmolzene Schokolade dippen. So weit kommen wir aber meistens nicht, denn sie schmecken auch pur einfach unwiderstehlich!

TIPP: ***Am besten den Teig einen Tag vorher zubereiten und über Nacht im Kühlschrank stehen lassen. Wenn es schnell gehen muss, können die Madeleines natürlich auch gleich nach dem Teig-Zubereiten gebacken werden.***

MANDEL-ORANGEN-KUCHEN

für **1 Springform, ø 26 cm** // *Zubereitungszeit:* **10 Minuten** // *Backzeit:* **ca. 30 Minuten**

Dieser Kuchen gehört zu der Kategorie »Gelingt immer«. Durch den Orangensaft, der auf den noch heißen Kuchen gegossen wird, ist und bleibt er sehr saftig. Wir nutzen am liebsten frisch gepressten Saft, natürlich schmeckt er aber auch mit fertig gekauftem Saft.

120 g Dinkelmehl
60 g Mandeln, gemahlen
1 EL Speisestärke (Maisstärke oder Kartoffelmehl)
90 g Puderzucker (oder Xylitpuder)
¾ TL Natron
1 Prise Salz
250 ml + 100 ml Orangensaft
2 EL Öl
1 TL Apfelessig
1 TL Vanilleessenz

Den Backofen auf 180 °C Umluft vorheizen.

Erst alle trockenen Zutaten in eine Rührschüssel füllen, dann die feuchten Zutaten, bis auf die 100 ml Orangensaft, hinzugeben und mit einem Schneebesen zu einem glatten Teig verrühren. Den Teig in eine mit Backpapier ausgelegte Backform geben und circa 30–35 Minuten im Ofen backen. Die Zeit variiert je nach Größe der Backform, hier also unbedingt einen Stäbchentest machen.

Ist der Kuchen fertig, aus dem Backofen nehmen und mit einem Holzstäbchen Löcher hineinstechen. Dann den restlichen Orangensaft darübergießen, sodass einiges davon in die Löcher sickert. Etwas auskühlen lassen!

BANANENBROT MIT SCHOKOLADE UND MANDELN

für ***1 große Kastenform oder 1 Springform, ø 26 cm*** // *Zubereitungszeit:* **10 Minuten** // *Backzeit:* ***ca. 45 Minuten***

Der zuckerfreie Klassiker für »alte« Bananen. Es schmeckt aber nicht so bananig, dass es sogar unserer Tochter schmeckt, die normalerweise einen großen Bogen um diese krumme Frucht macht. Du kannst die Datteln auch durch Rosinen oder Aprikosen ersetzen oder eine Mischung aus allen drei getrockneten Obstsorten verwenden – je nachdem, was du in deinem Schrank findest.

500 g reife Bananen, geschält (je nach Größe ca. 5–6 Stück)
225 g getrocknete Datteln, entsteint (optional: Rosinen, getrocknete Aprikosen oder eine Mischung aus allen drei)
240 ml Reis-Kokos-Drink
50 g Kokosöl
1 EL Apfelessig
75 g Apfelmark
1 TL Vanilleessenz
350 g Dinkelmehl (du kannst auch 100 g Erdmandel- oder Buchweizenmehl untermischen und entsprechend weniger Dinkelmehl nutzen)
2 TL Backpulver
1 TL Natron
1 Prise Salz
100 g Mandeln, gehackt
100 g dunkle Schokolade, gehackt

Den Backofen auf 160 °C Ober-/Unterhitze vorheizen.

Wer einen guten Mixer hat, kann alle feuchten Zutaten inklusive der Datteln im Mixer 1 Minute pürieren. Schafft der Mixer das nicht, sollten die Datteln vorher klein gehackt und dann zusammen mit den anderen Zutaten zu einer homogenen Masse verrührt werden.

Anschließend das Mehl, Backpulver, Natron und Salz mischen und in die feuchte Masse unterheben. Jeweils ¾ der Menge Mandeln und Schokolade in den Teig einrühren und in eine mit Backpapier ausgelegte Kastenform geben. Die restlichen Mandeln und Schokolade auf dem Kuchen verteilen und für 45–50 Minuten in den Backofen schieben. Vor dem Herausnehmen unbedingt mit der Stäbchenprobe prüfen, dass kein Teig mehr kleben bleibt.

Wenn der Kuchen fertig ist, etwas abkühlen lassen. Das Bananenbrot schmeckt am besten lauwarm.

TIPP: ***Wenn dein Bananenbrot eventuell schon 2–3 Tage alt ist, kannst du eine etwa daumendicke Scheibe in den Toaster geben. Dann bestreiche das Brot mit etwas Mandelmus, lege ein paar Scheiben frische Banane obendrauf, streue Zimt drüber und ein paar Tropfen Ahornsirup. Ich wette: Du willst nur noch »altes« Bananenbrot haben!***

STREUSELKUCHEN

für ***1 Springform, ø 26 cm*** *// Zubereitungszeit:* ***15 Minuten*** *// Backzeit:* ***15 Minuten + ca. 35 Minuten***

Streuselkuchen geht immer! Egal welches Obst, er ist einfach lecker. Wir bevorzugen eine Variante mit Birnen und Zimt, vor allem wenn wir so viele aus dem eigenen Garten ernten. Aber auch mit Rhabarber, Pfirsich oder Äpfeln schmeckt er einfach wunderbar und wird nicht langweilig. Experimentiert mit den gemahlenen Nüssen und Mandeln herum – mit jeder Sorte schmeckt es anders, aber immer gut!

FÜR DAS OBST:

500 g Obst (Rhabarber, Pflaume, Blaubeeren, Birnen, Äpfel, Erdbeeren oder eine Mischung aus allem) | **75 g Zucker** (bei Rhabarber und bei Birnen brauchst du wahrscheinlich keinen Zucker, bei Äpfeln und Co. wahrscheinlich nur 30 g)

OPTIONAL: **1 TL Zimt**

FÜR DEN TEIG:

200 g Dinkelmehl (optional: Vollkornmehl) | **1 Päckchen (17 g) Backpulver** | **100 g gemahlene Nüsse** (Hasel- oder Walnuss, Mandeln – oder eine Mischung aus allen drei) | **150 g Zucker** | **1 TL Vanilleessenz** (optional: Bourbonvanille) | **100 ml Öl** | **250 ml pflanzliche Milch**

FÜR DIE STREUSEL:

120 g Dinkelmehl (klappt auch super mit Vollkornmehl!) | **30 g Zucker** | **1 TL Vanilleessenz** | **Schale von ½ Zitrone** | **75 g Öl**

Den Backofen auf 175 °C Umluft vorheizen.

Zuerst das Obst vorbereiten. Wir benötigen insgesamt etwa 500 g. Die Zuckerzugabe schwankt je nach Obstsorte. Rhabarber benötigt 75 g, alle anderen Obstsorten vertragen gerne weniger. Außerdem enthalten die Streusel Zucker, sodass das Obst automatisch mitgesüßt wird. Das Obst waschen oder schälen, in kleine Stücke schneiden und den Zucker untermischen. Bei Äpfeln und Birnen macht sich Zimt sehr gut. Dann die Mischung beiseitestellen.

Für den Teig alle Zutaten vermischen, in einer mit Backpapier ausgelegte Springform auslegen und für 15 Minuten in den Backofen geben.

Für die Streusel alle Zutaten in eine Schüssel geben und mit einer Gabel oder einem Schneebesen zu Streuseln verrühren. Dann zur Seite stellen.

Sind die 15 Minuten Backzeit vorbei, das Obst auf dem heißen Teig verteilen – es ist völlig okay, wenn der Teig noch sehr weich ist und das Obst einsinkt. Dann die Streusel gleichmäßig auf das Obst streuen. Die Springform nun für 35–40 Minuten zurück in den Ofen schieben. Die Streusel sollen nach der Backzeit schön knusprig braun sein. Auf einem Rost auskühlen lassen.

BAUKASTEN:
PORRIDGE

*für **1 große Portion** // Zubereitungszeit: **1 Minute** // Einwirkzeit: **gerne über Nacht oder mindestens 30 Minuten***

Der gute, alter Haferbrei – wenn du damit in den Tag startest, hast du Energie und bist satt für einige Stunden. Am besten mischst du das Porridge-Grundrezept schon am Abend vorher oder bereitest es – etwa 30 Minuten bevor du es essen möchtest – vor. Die Zubereitung am Herd dauert nicht länger als 5 Minuten.

GRUNDREZEPT:
50 g Haferflocken | 160 ml Wasser | 80 ml Haferdrink

Gib alle Zutaten in einen kleinen Topf und über Nacht in den Kühlschrank.

Dann ist das Prinzip bei allen Varianten das Gleiche:

Den Topf mit den Grundzutaten bei mittlerer Hitze auf den Herd stellen. Das Wichtigste ist, dass hier nun nichts anbrennt, aus diesem Grund vorsichtig sein und häufig rühren. Die restlichen Zutaten zu der Mischung hinzufügen und so lange rühren und kochen, bis sich alles zu einem warmen, dicken Brei gewandelt hat.

IDEE 1: PROTEIN-KICK
*Zubereitungszeit: **2 Minuten** // Kochzeit: **ca. 4 Minuten***

1 Portion Porridge-Grundrezept | ½ Banane, mit der Gabel zerdrückt | **½ EL Erdnussbutter Crunchy** (wenn möglich, ohne Palmöl) | **½ EL Ahornsirup | ½ TL** geschälte Hanfsamen | **½ TL Leinsamen**

TOPPING-OPTIONEN:
Zimt, Kokosflocken, ½ frischer geriebener Apfel, Ahornsirup

IDEE 2: BLAUBEER-MANDEL-TRAUM
*Zubereitungszeit: **2 Minuten** // Kochzeit: **ca. 4 Minuten***

1 Portion Porridge-Grundrezept | ½ Banane, mit der Gabel zerdrückt | **½ EL Mandelmus**, geröstet | **½ EL Ahornsirup | 100 g TK Blaubeeren**

TOPPING-OPTIONEN:
frische Beeren, ½ EL Kakaonibs, Kokosflocken, Ahornsirup

IDEE 3: SUPERFOOD PORRIDGE
*Zubereitungszeit: **2 Minuten** // Kochzeit: **ca. 4 Minuten***

1 Portion Porridge-Grundrezept | ½ Banane, mit der Gabel zerdrückt | **½ EL Tahini** (Sesammus) | **¼ TL Maca**, gemahlen (oder mehr bei Bedarf) | **⅛ TL Kurkuma | 1 Prise frisch gemahlener schwarzer Pfeffer**

OPTIONAL: **etwas Vanilleessenz**

TOPPING-OPTIONEN:
½ EL Kakaonibs, 1 EL Gojibeeren, Kokosflocken, Ahornsirup

BAUKASTEN: MILCHREIS

ergibt ***4 große Portionen*** *// Zubereitungszeit:* ***1 Minute*** *// Kochzeit:* ***ca. 20 Minuten***

Genauso wie bei normalem Pudding denkt man bei Milchreis erst einmal nicht an eine vegane Version, obwohl es so einfach ist: Puddingpulver aus dem Supermarkt einfach mit pflanzlicher Milch anrühren – fertig! Diese Milchreisversion kommt sogar ohne Zucker aus, da wir sie mit Kokosmilch und Kokos-Reis-Milch zubereiten. Letztere ist »natürlich süß« und schmeckt auch im Milchkaffee wunderbar lecker. Bei den Toppings kannst du dich austoben.

250 g Milchreis | 400 ml (1 Dose) Kokosmilch | 600 ml Kokos-Reis-Drink (entspricht 1½ Dosenmaß)

Alles mischen und einmal aufkochen lassen, dann auf niedrige bis mittlere Stufe herunterschalten und für circa 20 Minuten weiterköcheln lassen, dabei immer wieder rühren, damit der Reis nicht festklebt. Wenn sich die Flüssigkeit fast komplett eingedickt hat, den Reis einmal kurz probieren. Ist er weich, den Topf vom Herd nehmen und auskühlen lassen. Oft wird der Milchreis mit dem Auskühlen zu fest und klebrig, dann einfach noch etwas Reis-Kokos-Drink in die Mischung geben und kräftig umrühren.

1: BIRNE-LIMETTE-TOPPING:

Zubereitungszeit: ***5 Minuten*** *// Kochzeit:* ***ca. 20 Minuten***

6–8 Birnen, geschält, entkernt, gewürfelt | **1 Apfel**, geschält, entkernt, gewürfelt | **Saft und Zeste von 2 Limetten | 1 TL Vanilleessenz | 3–4 EL Zucker** (Rübenzucker, Kokosblütenzucker etc.), bei Bedarf gerne mehr

Alle Zutaten in einen Topf geben und zum Kochen bringen. Dann die Temperatur runterdrehen und etwa 15 Minuten köcheln lassen oder so lange, bis die gewünschte Konsistenz der Früchte erreicht ist. Über den fertigen Milchreis geben und genießen.

HINWEIS: ***Je reifer die Birnen sind, desto weniger Zucker benötigst du.***

2: APFEL-ZIMT-TOPPING:

Zubereitungszeit: ***5 Minuten*** *// Kochzeit:* ***ca. 20 Minuten***

5–6 Äpfel, geschält, entkernt, gewürfelt | **2½ EL Zucker** (Rübenzucker, Kokosblütenzucker etc.) | **1 TL gemahlener Zimt + etwas mehr** zum Bestreuen | **Saft von 1 Zitrone | 75 g Apfelmark**

Apfel, Zucker, Zimt und Zitronensaft in einem Topf zum Kochen bringen. Wenn die Äpfel weich sind, das Apfelmark hinzufügen und noch einmal kurz aufkochen und für weitere 5 Minuten köcheln lassen. Eventuell noch etwas Wasser hinzufügen, damit die Masse nicht zu fest wird. Mit etwas Zimt bestreuen, fertig.

3: VERY BERRY TOPPING:

Zubereitungszeit: ***5 Minuten*** *// Kochzeit:* ***ca. 20 Minuten***

600 g TK-Beeren | 2½ EL Zucker (Rübenzucker, Kokosblütenzucker, bei Bedarf etwas mehr) | **Saft von 1 Zitrone** | OPTIONAL: **Vanilleessenz**

Alle Zutaten in einem Topf zum Kochen bringen. Die Beeren langsam mindestens 20 Minuten köcheln. Etwas abkühlen lassen und über den Milchreis geben.

BEST START OF THE DAY

für ***4–5 Portionen*** *// Zubereitungszeit:* ***5 Minuten*** *//*
Einwirkzeit: ***mindestens 30 Minuten***

Der Name ist hier Programm – gesund und nahrhaft, einfach alles, was wir morgens brauchen, um gut in den Tag zu starten. Wir machen immer eine große Portion und verteilen sie auf mehrere Einweckgläser. Dann hast du dein Frühstück für die komplette Woche quasi schon in einem Schwung vorbereitet. Sollte es dir nicht süß genug sein, gib gerne noch etwas Ahornsirup hinzu.

60 g Chiasamen | **80 g Haferflocken** | **65 g Mandeln**, ganz | **100 g Kokosraspel** | **30 g ungesüßtes Kakaopulver** | **1 Prise Salz** | **15 Datteln**, gehackt | **1 Apfel**, in kleine Stifte geschnitten | **400 ml Kokosmilch** (bei Bedarf erwärmen, damit sie nicht stückig ist) | **600 ml Reis-Kokos-Drink**

Alle Zutaten der Reihe nach in eine große Schüssel geben und mit einem Schneebesen gut umrühren, damit die Chiasamen nicht zusammenklumpen.

Zur Seite stellen und 30–60 Minuten ziehen lassen.

OVERNIGHT OATS

4 Portionen *// Zubereitungszeit:* ***5 Minuten*** *//*
Einwirkzeit: ***über Nacht im Kühlschrank***

Hier kannst du deiner Fantasie komplett freien Lauf lassen. Es schmecken auch andere Früchte als Äpfel über Nacht eingeweicht sehr gut. Du kannst statt Zimt auch Matcha, Maca, Lucuma oder Kakao wählen – was auch immer du zu Hause hast. Bereite es gleich in einem Glas-to-Go vor, und du hast dein Frühstück fürs Büro oder für die Schule am Abend vorher schon fertig!

120 g Haferflocken | **360 ml ungesüßte pflanzliche Milch** (bei Bedarf mehr) | **1½ EL Ahornsirup** (bei Bedarf mehr) | **30 g Nüsse** (z. B. Mandeln/Mandelstifte, Cashewkerne, Haselnüsse) | **30 g Kerne** (z. B. Kürbiskerne, Sonnenblumenkerne) | **1 EL Leinsamen** | **½ TL Vanilleessenz** (optional: Bourbonvanille) | **½ TL gemahlener Zimt** | **3 getrocknete Aprikosen**, klein gehackt (optional: Rosinen, Datteln, Cranberrys) | **½ Apfel**, entkernt, in kleine Würfel geschnitten **etwas Zitronensaft** | **1 Prise Salz**

OPTIONAL: **50 g Kokosflocken**

TOPPING:

frisches klein geschnittenes Obst (Kiwi, Beeren, Melone und so weiter) | **frische Minze**, klein gehackt | **Kokosflocken, Kakaonibs** etc.

Alle Zutaten in einer Schüssel verrühren und die Mischung in bereitgestellte Gläser verteilen. Das ausgewählte Obst auf den Oats verteilen und zum Beispiel mit Minze und Kokosflocken garnieren. Die Gläser verschließen und über Nacht im Kühlschrank ziehen lassen.

TIPP: ***Am besten schmeckt es nicht kühlschrankkalt, also gerne ein paar Minuten vor dem Verzehr herausnehmen.***

ALL YEAR LEBKUCHEN

ergibt ***8–18 Stück*** *// Zubereitungszeit:* ***25 Minuten*** *// Backzeit:* ***ca. 12 Minuten***

Es weihnachtet sehr. Und das geht natürlich auch in lecker vegan. Dieses Lebkuchen-Rezept gehört zu unseren Favoriten und darf deswegen in diesem Buch auf keinen Fall fehlen. Es ist gar nicht so kompliziert, und vor allem: Das Ergebnis beeindruckt alle!

100 g getrocknete Aprikosen | **300 g gemahlene Haselnüsse** (optional: gemahlene Mandeln oder eine Mischung) | **100 g Haferflocken**, zu Mehl verarbeitet | **11 EL flüssiges Süßungsmittel nach Wahl**, z. B. Ahornsirup | **50 g Kokosöl**, flüssig | **2 EL Apfelmark** | **geriebene Schale von 1–2 Orangen** (optional: natürliches Orangenöl nach Geschmack) | **2 TL Lebkuchengewürz** | **1 Prise Salz** | **Oblaten**, z. B. 8 Stück, ø 90 mm, oder 16–18 Stück, ø 44 mm | **Mandelkerne** zum Dekorieren | **100 g Schokolade** nach Wahl, z. B. Zartbitter-Kuvertüre

Den Backofen auf 175 °C Ober-/Unterhitze vorheizen.

Die Aprikosen in eine kleine Schüssel geben, mit heißem Wasser übergießen und für 15 Minuten einweichen.

In der Zwischenzeit gemahlene Haselnüsse, Hafermehl, flüssiges Süßungsmittel, Kokosöl, Apfelmark, Orangenabrieb oder Orangenöl, Lebkuchengewürz und Salz in eine separate Schüssel geben. Alles mit den Händen ein paar Minuten lang sehr gut verkneten.

Die Aprikosen in ein Sieb geben, abtropfen lassen und trocken tupfen. In kleine Stücke schneiden, zu den anderen Zutaten dazugeben und alles nochmals gut verkneten. Die Lebkuchenmasse sollte nicht zu trocken sein, eher klebrig, aber noch formbar. Ist sie das nicht, mehr Apfelmark oder flüssiges Süßungsmittel (wenn süßer gewünscht) hinzufügen.

Ein Backblech mit Backpapier auslegen und die Oblaten darauf verteilen. Je nachdem, wie dick oder dünn die Lebkuchen werden sollen, nun aus dem Teig kleine oder große Kugeln mit den Händen formen und auf die Oblaten drücken. Wichtig: Zwischendrin die Hände waschen und zum Formen wieder befeuchten.

Dann die Lebkuchen im Backofen circa 12 Minuten lang backen – nicht zu lange, da die Lebkuchen nach dem Auskühlen sonst zu hart werden. Die Lebkuchen sind noch extrem weich, wenn sie aus dem Backofen kommen, sie werden fester, sobald sie abkühlen.

In der Zwischenzeit die Mandelkerne häuten. Hierfür die Mandelkerne ein paar Minuten in kochendem Wasser kochen. Die Kerne absieben und in eine Schüssel mit kaltem Wasser geben beziehungsweise unter fließendem kaltem Wasser abschrecken. Nun kann die Haut einfach entfernt werden.

Wenn die Lebkuchen fast komplett ausgekühlt sind, die Schokolade schmelzen und die Lebkuchen damit bestreichen. Mandelkerne daraufgeben und leicht in die Lebkuchenmasse drücken. Komplett ausgekühlt und luftdicht verpackt halten sie sich ein paar Tage.

LEMON POPPY SEED DRIZZLE CAKE

für ***1 Kastenform*** *// Zubereitungszeit:* ***5 Minuten*** *// Backzeit:* ***ca. 30 Minuten***

Mohn und Zitrone – ein wunderbares Doppelpack und hier vereint in einem Kuchen. Schmeckt irre lecker, geht schnell und besteht aus nur wenigen Zutaten, die man eigentlich fast immer zu Hause hat. Wenn du den Kuchen mit bunten Streuseln dekorierst, ist das auch der perfekte Kindergeburtstagskuchen, wenn es mal schnell gehen muss.

FÜR DEN KUCHEN:

275 g Dinkelmehl
40 g Mohn
170 g Zucker (Rübenzucker oder Kokosblütenzucker)
1 TL Backpulver
½ TL Natron
Zeste von 1 Zitrone
100 ml Öl
Saft von ½ Zitrone
175 ml kaltes Wasser

FÜR DRIZZLE UND TOPPING:

150 g Puderzucker
Saft von ½ Zitrone
Zeste von 1 Zitrone

Den Backofen auf 175 °C Umluft vorheizen.

Für den Kuchen Mehl, Mohn, Zucker, Backpulver, Natron und Zitronenzeste in einer Schüssel gut verrühren. Dann Öl, Zitronensaft und Wasser hinzufügen und alles sehr gut einrühren. Den Teig in eine mit Backpapier ausgelegte Kastenform geben und für 30–35 Minuten in den Backofen schieben. Mit dem Stäbchentest prüfen, ob der Kuchen auch wirklich fertig ist.

Ist der Kuchen fest, aus dem Ofen und aus der Form nehmen und auf einer Kuchenplatte abkühlen lassen.

Für das Drizzle Puderzucker und Zitronensaft verrühren – es sollte nicht zu flüssig werden, sodass nicht alles auf den Seiten herunterläuft. Die Mischung auf dem Kuchen verteilen. Mit der Zeste dekorieren und fertig.

CARROT CAKE MIT CASHEW FROSTING

*für **1 große Kasten- oder Springform** // Zubereitung: **10 Minuten + 5 Minuten** // Backzeit: **ca. 30 Minuten** // Kühlzeit Frosting: **mindestens 30 Minuten***

Die Küche riecht unglaublich lecker, wenn dieser Kuchen im Backofen steht – da kommen alle Kinder aus den Löchern gekrochen. Das Schöne an diesem Carrot Cake ist, dass er durch die vielen Möhren wirklich wahnsinnig saftig wird. Natürlich kannst du hier noch Walnüsse und Rosinen dazupacken, ganz ohne schmeckt er aber auch schon sehr lecker.

FÜR DEN KUCHEN:

280 g Dinkelmehl | **3 TL Backpulver** | **1 TL Natron** | **3 TL gemahlener Zimt** | **½ TL gemahlener Muskat** | **1 TL Salz** | **120 g Apfelmark** | **240 ml ungesüßte Mandelmilch** | **2 TL Vanilleessenz** | **180 g Zucker** (Rübenzucker oder Kokosblütenzucker, bei Bedarf sogar weniger) | **100 ml Kokosöl**, flüssig | **240 g Möhren**, ungeschält, gerieben

FÜR DAS FROSTING:

130 g Cashewkerne, roh, über Nacht eingelegt, mit kaltem Wasser abgespült | **60 ml ungesüßte Mandelmilch** | **80 g Ahornsirup** | **2 EL Kokosöl, flüssig** | **1 TL Vanilleessenz** | **2 TL frisch gepresster Zitronensaft** | **½ TL Salz**

Den Backofen auf 175 °C Ober-Unterhitze vorheizen. Die Backform mit etwas Öl einfetten oder alternativ Backpapier verwenden.

In einer großen Schüssel Mehl, Backpulver, Natron, Zimt, Muskat und Salz verrühren.

In einer zweiten Schüssel Apfelmark, Mandelmilch, Vanille, Zucker und das Öl vermengen. Dann die trockenen Zutaten zu den flüssigen Zutaten mischen. Ist eine homogene Masse entstanden, die geriebenen Möhren unterheben, bis alles gut verbunden ist.

In die Form geben und für 30–40 Minuten backen. Mit einem Holzstäbchen prüfen, dass wirklich kein Teig hängen bleibt, bevor du den Kuchen aus dem Backofen holst. Den Kuchen aus dem Ofen nehmen und komplett auskühlen lassen.

Das Frosting kann sofort zubereitet werden und sollte dann für mindestens 30 Minuten in den Kühlschrank. Hierfür alle Zutaten 1–2 Minuten mixen, bis eine schöne smoothe Masse entsteht. Sollte es zu dickflüssig sein, 1 EL Mandelmilch zusätzlich unterrühren.

Dann in den Kühlschrank stellen, damit das Frosting etwas fester wird.

Wenn der Kuchen ausgekühlt ist und das Frosting fest ist, den Kuchen mit dem Frosting bestreichen. Im Hause Freyberg wird der Kuchen dann oft noch mit Zimt, Nüssen, Kokosraspel, Blumen et cetera dekoriert.

Den fertigen Kuchen am besten im Kühlschrank aufbewahren oder sofort genießen.

FLUFFIGE WAFFELN

ergibt ***ca. 6 belgische Waffeln*** *// Zubereitungszeit:* ***5 Minuten*** *// Backzeit je nach Waffeleisen:* ***ca. 3 Minuten pro Waffel***

Wir haben schon einige Waffeleisen abgerockt – irgendwas scheinen wir immer falsch gemacht zu haben. Außerdem besteht der »normale« Waffelteig größtenteils aus Eiern. Nach langem Hin und Her haben wir uns dann doch wieder eine etwas hochwertigere Waffeleisen-Variante zugelegt und angefangen, mit den Zutaten zu experimentieren. Die Kinder haben sich einerseits gefreut, dass es wieder Waffeln gab (zwei- bis dreimal die Woche!), waren aber andererseits schwer genervt von den Ergebnissen der Experimente … Bis wir uns alle auf dieses eine Rezept geeinigt haben.

250 g Dinkelmehl
2½ TL Backpulver
1 TL Natron
1 EL Zucker oder Xylit
½ TL Salz
1 EL Apfelessig
1½ EL Kokosöl + etwas mehr für das Waffeleisen
60 ml Orangensaft
360 ml ungesüßte pflanzliche Milch
½ TL Vanilleessenz

Das Waffeleisen vorheizen und die Platten mit Kokosöl einölen. Für den Teig alle Zutaten nacheinander in eine Rührschüssel geben und zu einem klumpenfreien, relativ flüssigen Teig mischen. Ist das Waffeleisen heiß, den Teig mithilfe einer Suppenkelle auf die Waffelplatten gießen, das Gerät schließen und die Waffeln backen. Bei einem drehbaren Waffeleisen etwa 30 Sekunden warten, bevor gedreht wird. Ist die Zeit um, das Waffeleisen wieder zurückdrehen und vorsichtig die gebackenen Waffeln herausheben. Dieses Rezept reicht für drei solcher Vorgänge.

TIPP: ***Klassisch schmecken die Waffeln am besten mit Puderzucker, Zimt und Zucker, Apfelmark, Ahornsirup oder unserer Birnen-Limetten-Marmelade (Rezept Seite 15).***

AMERICAN PANCAKES OHNE CHICHI

ergibt ***ca. 8 Stück*** *// Zubereitungszeit:* ***5 Minuten*** *// Backzeit:* ***3 Minuten***

Pancakes am Sonntagmorgen – das war lange Zeit unser Ritual. Durch unsere langen USA-Aufenthalte haben wir beide nur die besten Erinnerungen an dieses wunderbare Frühstück. Natürlich nur mit original kanadischem Ahornsirup! Und es gab auch schon diverse Träume darüber, ein Pancake House in Berlin zu eröffnen. Aber das ist eine andere Geschichte.

375 g Dinkelmehl (Vollkornmehl funktioniert auch sehr gut!) | **2½ TL Backpulver** | **1 TL Natron** | **1 EL Zucker** (Rübenzucker, Kokosblütenzucker oder Xylit) | **½ TL Salz** | **1 EL Apfelessig** | **240 ml + 120 ml ungesüßter Haferdrink** | **1 EL Kokosöl** für den Teig **+ 1 EL Kokosöl** für die Pfanne

ZUM SERVIEREN:

8 × ½ TL Alsan (oder andere vegane Butter; hier gerne etwas Salz untermischen) | **Ahornsirup**

OPTIONAL: **1 Prise Bourbonvanille oder Vanilleessenz** | **2 Prisen gemahlener Zimt** | **1 EL Kakaonibs** (einfach mit in den Teig einrühren) | **1 Banane**, zerdrückt | Früchte: **Äpfel, Bananen, Blaubeeren**

Dinkelmehl, Backpulver, Natron, Zucker, Salz und Apfelessig in eine Schüssel geben und 240 ml Haferdrink dazugeben. Die 120 ml Haferdrink dann langsam und vorsichtig unterrühren, bis die richtige Konsistenz erreicht ist. Der Teig soll fließen, aber nicht zerfließen. Je langsamer der Teig sich in der Pfanne verbreitet, desto dicker und fluffiger wird am Ende der Pancake. Es kann also sein, dass nicht die komplette Hafermilch-Menge gebraucht wird.

Eine Pfanne mit 1 EL Kokosöl bei mittlerer Hitze vorheizen. Dann vorsichtig eine halb große Suppenkelle voll Teig in die Pfanne geben. Erst wenden, wenn sich mehrere Blasen zeigen, und, Achtung, sehr wichtig: die Blasen nicht flach drücken, sonst geht die Fluffigkeit verloren.

Direkt in der Pfanne ½ TL Alsan auf die bereits fertige Pancake-Seite geben und darauf achten, dass diese auf dem Pancake zerschmilzt und nicht in die Pfanne rutscht. Die Alsan schließt die Poren, sodass der Ahornsirup später nicht zu sehr im Pancake versickert. Das sorgt für mehr Geschmack. Ein Pancake ist nach circa 3 Minuten von beiden Seiten fertig gebacken. Dann herausnehmen und mit Ahornsirup servieren.

TIPP: ***Lecker schmecken die Pancakes auch, wenn frische Früchte wie Apfel- oder Bananenscheiben oder halbierte Blaubeeren dem Teig beigemengt werden. Sobald der Teig in der Pfanne ist, werden ein paar Fruchtstücke direkt im Teig platziert. So bleiben sie schön frisch und saftig. Sollten die Fruchtstücke zu groß sein, sodass sie nicht vom Teig umschlossen werden, einfach einen Tropfen mehr Teig darübergeben.***

QUINOA-AMARANTH-CRISPIES

ergibt ***1 mittelgroße Auflaufform*** *// Zubereitungszeit:* ***10 Minuten*** *// Kochzeit:* ***1 Minute*** *// Kühlzeit:* ***mindestens 1 Stunde***

Normales Müsli? Viel zu langweilig, das kann ja jede*r. Wir essen unseres morgens ganz gerne mal aufgepufft mit Quinoa und Amaranth. Natürlich funktioniert das auch mit gepufftem Reis oder gepuffter Hirse und mit vielen anderen getrockneten Früchten.

20 Mandeln
50 g Kokosöl
60 g Erdnussbutter, creamy oder crunchy (optional: Mandelmus)
80 g Ahornsirup
50 g Amaranth, gepufft
50 g Quinoa, gepufft
10 getrocknete Datteln, gehackt
50 g Kokosraspel
1 TL Salz
85 g dunkle Schokolade, gehackt

DU BRAUCHST AUSSERDEM: **eine viereckige Form**
Frischhaltefolie

Eine Auflaufform mit Frischhaltefolie auskleiden.

In einer kleinen Pfanne die Mandeln für 2–3 Minuten anrösten. Vorsicht, sie sollen nicht verbrennen. Danach in grobe Stücke hacken.

In einem kleinen Topf das Öl, Nussmus und Ahornsirup kurz erwärmen, damit sich alles miteinander verbindet.

Alle anderen Zutaten, inklusive der Mandeln, in eine Schüssel geben und schon einmal vermischen. Dann die flüssige Nussmus-Mischung darübergießen und mit den Händen vermengen. Ist alles gut vermischt und klebt, die Masse in die vorbereitete Auflaufform geben und gleichmäßig festdrücken. Für mindestens 1 Stunde in den Kühlschrank stellen, sonst bröselt es zu sehr.

Zum Servieren in Stücke schneiden.

ALL WE ARE SAYING IS GIVE PEAS A CHANCE!
OB DU NUR EINEN AUSFLUG ODER EINEN LANGZEITAUFENTHALT IN DIE VEGANE WELT PLANST, FÜR DEIN GEPÄCK HIER NOCHMAL EIN PAAR HILFREICHE UND GANZ ALLGEMEINE EINSTEIGER*INNEN-TIPPS VON UNS.

YES VEGAN

UNSERE PERSÖNLICHEN VORTEILE

REGINE: »Ich habe mal für eine längere Zeit in China gewohnt. Da habe ich quasi vegan gelebt, ohne wirklich vegan zu sein. Tierische Produkte wie Milch oder Joghurt gibt es dort nicht wirklich. Und da habe ich das erste Mal gemerkt, dass ich dieses Völlegefühl nach einem vollen Teller Nudeln mit Käse, nach dem man nur noch vollgefressen auf seinem Stuhl hängt, nicht hatte. Das war so super! Und so ist es eben jetzt auch. **Food-Koma kenne ich gar nicht.** Ich habe nach dem Essen viel mehr Energie, ich merke: Die Nahrung gibt mir diese Energie, ein Trägheitsgefühl habe ich gar nicht mehr.«

»Mir würde es definitiv nicht guttun, jetzt wieder tierische Produkte zu konsumieren.«

»Die größere körperliche Veränderung habe ich allerdings erlebt, als ich mal eine Zeit lang auf Zucker verzichtet habe. **Das war ein richtiger Energieboost.** Komplett auf Zucker verzichten tue ich jetzt nicht mehr, aber ich achte schon darauf, weniger zu konsumieren. In den Rezepten geben wir deswegen meist auch Xylit oder Ahornsirup statt Zucker vor, damit im Körper keine so große Insulinausschüttung ausgelöst wird (siehe die Liste auf Seite 184). **Die Kombination ›vegan und zuckerfrei‹ war für mich und meinen Körper das Beste.** Ich war seitdem nie krank und immer total fit. Ich merke einfach, dass mir das körperlich total guttut.«

ANSGAR: »Ich habe mich nie mit Ernährung auseinandergesetzt, weil ich es nie musste. Als junger Kerl gab es in meinem Kühlschrank eigentlich nur Bier und vielleicht eine Dose Linsensuppe. Und so auch später: Das jahrelange Rock'n'Roll-Leben auf Tour war für meinen Körper auch sicher nicht das Gesündeste. Dazu kommt, dass ich seit meiner Jugend eigentlich keinen Sport mehr gemacht habe. Irgendwann kam dann aber der Punkt, an dem ich gemerkt habe, dass das nicht ewig so weitergehen kann. Hier kam vegane Ernährung genau richtig. **Ich merkte, dass der Körper es mir dankt, wenn ich mich vegan ernähre.** Ich habe viel mehr Energie! Die Leute sprechen mich darauf an und fragen, ob ich im Urlaub war, weil ich so gesund und frisch aussehe. Auch dieses Völlegefühl, das Regine schon angesprochen hat, ist völlig weg, und Blähungen habe ich auch keine mehr. Esse ich aber nun doch mal tierische Produkte, gerade Milchprodukte, merke ich das am nächsten Tag durchaus an meinem Körper. Und das, obwohl ich da jetzt nicht zu den sensiblen Kandidaten zähle.«

»Dazu vielleicht noch zu meinem Hintergrund: Mein Vater ist sehr früh verstorben. Mit 67 Jahren an Leukämie. Acht Wochen nachdem er die Diagnose bekommen hatte, starb er. Es ging ziemlich schnell und er war ja noch gar nicht so alt. Keiner wusste, woher die Krankheit kam und warum. Bis heute nicht. In dem schon mehrfach genannten Film *What the Health* wird auf diese Krankheit, also generell auf Krebs, eingegangen. **Mich hat diese prophylaktische Wirkung überzeugt. Also, schlechter geht es dem Körper durch vegane Ernährung nicht.** Ich hatte als Motivation meinen Vater und seine Krankheit vor Augen. Jeder kennt doch irgendjemanden, der Krebs bekommen hat oder einen Schlaganfall hatte oder einen Herzinfarkt. Und wenn das in der eigenen Familie passiert, fängt man an, anders darüber nachzudenken. Für mich war es wichtig, diesen Bogen zu schlagen und es daher einfach mal auszuprobieren. Das war für mich auch wichtiger, als mit meiner Ernährung die Welt retten zu wollen. Und das ist bis heute so. Obwohl die Welt retten ein netter Nebeneffekt ist. Ich nenne das gerne Vegan 2.0. Die erste Stufe ist für mich das eigene Schicksal – man ist sich selbst erst mal am nächsten. Ernährt man sich lang genug vegan, erreicht man irgendwann die zweite Stufe und die größeren Themen wie ›besser für die Umwelt‹ und ›ökologischer Fußabdruck‹. **Da macht es dann auch irgendwie richtig Spaß und fühlt sich ein bisschen rebellisch an.**«

TINY BATCH
BREWING CO.

NÄHRSTOFFE, VITAMINE UND CO.

Wir wollen hier bloß keine Wissenschaft draus machen. Dieses Buch soll einfach sein und für Leute, die sich für die vegane Lebensweise interessieren, es einfach mal ausprobieren wollen und vielleicht auch nicht so die Chefs in der Küche sind. Dennoch hat die Ernährung leider nicht nur Glücksgefühle, Geschmack und Geselligkeit als Funktion, sondern auch ganz nüchtern betrachtet die lebenswichtige Funktion der Versorgung des Körpers mit Nährstoffen.

Es liegt daher auch total nahe, zu denken, dass, wenn man etwas aus der Gesamtauswahl aller verfügbaren Lebensmittel weglässt, folgerichtig auch die Gefahr bestehen kann, dass Nährstoffe fehlen können. Das ist logisch, stimmt aber nicht pauschal. Tierische Produkte haben kein Monopol auf bestimmte Nährstoffe. Die gibt es immer auch woanders.

Natürlich muss man, je mehr man weglässt, auch entsprechend genauer darauf achten, dass der verbliebene Rest an Lebensmitteln all die Nährstoffe mit sich bringt, die der Körper braucht.

Kleiner Trost: So viel lassen Veganer ja nicht weg – nur die Tiere.

Wie man das mit den Nährstoffen macht, ist aber ganz einfach. Wir stellen hier gerne kurz vor, wie wir vorgehen, auch um mit Vorurteilen aufzuräumen und eventuelle Zweifel bezüglich der Nährstoffversorgung zu relativieren.

Weil auch wir uns als Vegan-Newbies erst mal unsicher waren, haben wir nach ein paar Wochen Startphase unser Blutbild testen lassen. Und was sollen wir sagen: Bei uns sieht alles super aus. Ansgars Werte sind, seit er vegan lebt, besser als davor und sogar seine Eisenwerte, die man ja immer mit Fleischkonsum in Verbindung bringt, haben sich verbessert. Regines Ärztin hat nicht mal gemerkt, dass sie sich komplett vegan ernährt. Lustig, oder? Bei uns waren die Ergebnisse zum Glück sehr positiv, trotzdem empfehlen wir die individuelle Überprüfung der relevanten Gesundheitsparameter beim Arzt, ob etwa weitere Nährstoffpräparate sinnvoll sind und wenn ja, in welcher Dosierung.

Grundsätzlich sollte die vegane Ernährung ausgewogen sein, dann beinhaltet sie auch alle Nährstoffe, die der Körper braucht. Der Fokus liegt hier aber ganz klar auf ausgewogen. Aber was heißt das eigentlich?

Grob zusammengefasst solltest du von allem etwas und das im richtigen Verhältnis konsumieren.

Um hier mehr ins Detail zu gehen, schau dir einmal eine vegane Ernährungspyramide an. Die veranschaulicht das am besten.

Die Basis einer guten Ernährung bildet immer die reichliche Grundversorgung mit frischer Luft und täglicher Bewegung.

Die Stufen der veganen Ernährungspyramide:

1. unbelastete Getränke (Wasser und Tees)
2. Gemüse und Obst.
3. Vollkorngetreide und Kartoffeln
4. Hülsenfrüchte; Pflanzendrinks/-joghurts; Nüsse und Samen
5. Fette und Öle
6. Alkohol und Snacks

APROPOS NÄHRSTOFFE: WO STECKEN DIE DENN ÜBERHAUPT DRIN? ODER MÜSSEN SIE SUPPLEMENTIERT WERDEN?

Vitamin B_{12}: Wird aktuell leider fast nur tierischen Lebensmitteln zugesetzt, über das Futter oder durch Injektion. Da auf dem deutschen Markt den veganen Lebensmitteln noch nicht gleichermaßen Vitamin B_{12} zugesetzt wird, greifen wir hier auf Zusatzpräparate wie Vitamin-B_{12}-Tropfen zurück. Lass dich hier am besten von deinem Arzt oder deiner Ärztin beraten oder frage in der Apotheke nach, welche Präparate passen. Übrigens gibt es nun auch immer mehr vegane Produkte auf dem Markt, denen auch

Vitamin B_{12} zugesetzt wird, wie zum Beispiel Hafermilch und Zahnpasta.

Eisen: Rote Bete, Spinat, Nüsse, Kürbiskerne, Sesamsamen, Vollkornprodukte, Hülsenfrüchte, Hirse oder Amaranth. Tipp: Vitamin C begünstigt die Aufnahme von Eisen um das Vielfache. Daher wenn möglich zusammen aufnehmen. Petersilie ist eine Vitaminbombe, sie sollte ab jetzt also eure beste Freundin in der Küche werden. Grünkohl vereint direkt Beides, er enthält also Eisen und Vitamine und bietet damit eine echte Traumkombi.

Proteine: Haferflocken, Hülsenfrüchte, Bohnen, Linsen und Lupinen, Sojabohnen und Sojaprodukte, Nüsse, Ölsamen, Pseudogetreide, Kohlgemüse

Vitamin D: Unser Körper kann Vitamin D selbst produzieren, aber nur unter Einwirkung von Sonnenlicht. Steht uns nicht genug Sonnenlicht zur Verfügung, wie zum Beispiel im Winter, kann es nicht schaden, auch hier mit Zusatzpräparaten zu unterstützen. Je nach Bedarf verwenden wir hierzu Tropfen. Daneben findet sich Vitamin D minimal auch in Pilzen wie Champignons und Pfifferlingen.

Riboflavin: Ölsamen, Brokkoli, Nüsse, Hülsenfrüchte

Kalzium: Grünkohl, Brokkoli, kalziumhaltiges Mineralwasser, Nüsse, Hülsenfrüchte, Tofu, Milchalternativen (wenn Kalzium zugesetzt ist)

Jod: Salz, Algen

Zink: Hülsenfrüchte, Vollkornprodukte, Nüsse, Beeren

Omega-3- und Omega-6-Fettsäuren: Das Verhältnis von Omega-3- und Omega-6-Fettsäuren bei der Nahrungsaufnahme muss stimmen. Dein Körper benötigt viel mehr Omega-3- als Omega-6-Fettsäuren. In einem guten Verhältnis findest du sie in pflanzlichen Quellen wie Sesam-, Hanf- und Chiasamen und in Leinöl.

Selen: Paranüsse, Zwiebeln, Spargel, Linsen

TREIB'S BITTE BUNT

Daneben sollte die Nahrung nicht nur so frisch, sondern auch so bunt wie möglich sein. Es sollte eine echte Color-Party auf deinem Teller stattfinden. Je mehr Farbe, desto gesünder. Rotkohl ist besser als Weißkohl, rote Zwiebeln sind besser als weiße Zwiebeln! Kaufe die rötesten Erdbeeren, den grünsten Brokkoli, die dunkelsten Tomaten, die sattfarbensten Beeren. Und warum? Sie stecken voller Antioxidantien, die uns im Kampf gegen freie Radikale unterstützen.

MERKE: DEINE VEGANE CHECKLISTE

1. Ernähre dich ausgewogen, iss also von allem etwas, und das im richtigen Verhältnis.
2. Bei frischem Gemüse und Obst gilt: Je mehr Farbe, desto besser!
3. Getreide, Hülsenfrüchte und Nüsse bilden eine wichtige Nährstoffgrundlage.
4. Versuche, so viel wie möglich selbst zuzubereiten und frisch zu kochen. Vermeide industriell gefertigte Produkte.
5. Wir empfehlen: Lass deine Blutwerte jährlich checken und greife bei Bedarf auf Nahrungsergänzungsmittel zu (Vitamin B_{12} und Vitamin D).
6. Ernährung ist nicht alles: Achte auf ausreichend Flüssigkeit, Bewegung, frische Luft und Sonnenlicht.

Das Thema Gesundheit, Nährstoffe und Nahrungsbestandteile sind eine Wissenschaft für sich. Deswegen erheben wir hier auch keinen Anspruch auf Vollständigkeit. Vielmehr wollen wir Vorurteile, Zweifel und die manchmal vorherrschende Angst vor Mangelernährung nehmen. Unser Fokus ist *einfach* und *familienfreundlich*. Bist du dir also unsicher oder willst mehr erfahren, lass dich beraten oder recherchiere auf eigene Faust – so wie wir. Wir empfehlen dir dazu unsere Ernährungsbibel von Dr. Michael Greger *How not to die*. Verständlich und interessant geschrieben, mit einem ausgeprägten Fokus auf die Bekämpfung von Krankheiten und Symptomen mit pflanzlichen Lebensmitteln.

WEITERE VORTEILE VEGANER ERNÄHRUNG

Neben dem Gesundheitsaspekt gibt es noch jede Menge weiterer Vorteile veganer Ernährung, die man auf den ersten Blick gar nicht sieht. Oder hättest du zum Beispiel gewusst, dass du durch vegane Ernährung weniger Zeit beim Abspülen brauchst?

VORTEIL 1: DU SPARST GELD

Seit wir vegan leben, geben wir beim Einkaufen weniger Geld aus. Wir haben früher auch schon immer im Biomarkt eingekauft und bei Fleisch und Käse auf gute Qualität geachtet. Das kostet natürlich. Dieser große Posten ist jetzt komplett weggefallen! Wir schleppen kiloweise Gemüse an, das ist aber nicht teurer als tierische Produkte. Das liegt sicher auch daran, dass unser Hauptaugenmerk nicht auf den veganen Ersatzprodukten liegt, die preislich oft sehr hoch sind, sondern dass wir selbst kochen. Dadurch haben wir eher weniger Kosten.

VORTEIL 2: VEGANE LEBENSMITTEL HALTEN LÄNGER

Durch eine vegane Ernährung hast du viel weniger verderbliche Lebensmittel. Klar werden die auch irgendwann schlecht. Aber eben nicht so schnell wie tierische. Tendenziell sind sie, wenn sie nicht geöffnet sind, ewig haltbar. Und das weiß gefühlt keiner. Weil es eben nicht so kommuniziert wird. Wir finden diesen Nebeneffekt super. Man kann zum Einkaufen fahren, die Sachen im Auto lassen und erst später abends einräumen. Der Stress, den man sich wegen dieser Kühlkette macht, fällt völlig weg.

VORTEIL 3: DIE SACHE MIT DEM EKELFAKTOR

Superwichtiger Punkt: Man ekelt sich nicht mehr. Wenn wir ehrlich sind, gibt es bei Fleisch doch immer irgendwas, das ein bisschen eklig ist (Blut, Sehnen, Knorpel, Fettschwarte et cetera). Das gibt es bei veganer Ernährung nicht. Oder hast du schon mal eine Aubergine ausbluten sehen? Eben. Veganes Essen ist so weit weg von »eklig sein«.

VORTEIL 4: DU BIST VIEL SCHNELLER IN DER KÜCHE

Nach dem Kochen notwendig, aber nervig: abspülen und sauber machen. Aber auch das ist viel leichter und schneller gemacht, wenn man vegan gekocht hat. Wir benutzen viel weniger Spülmittel. Weil wir ja viel weniger Fett benutzt haben. Eine Pfanne, in der davor ein Steak oder Eier gebraten wurde, ist viel zeitaufwendiger und anstrengender zu reinigen. Alles voll von tierischem Fett und Kruste. Das dauert, bis es sich vollständig gelöst hat. Und ist eklig. Durch vegane Ernährung ist das Spülen echt quick and dirty ... äh ... clean.

TIPPS FÜR ALLE, DIE IN DIE VEGANE KÜCHE EINSTEIGEN

Vegane Süßigkeiten und Fertigprodukte gibt es mittlerweile Gott sei Dank viele. Daneben gibt es aber auch einige Produkte, die auf den ersten Blick nicht als vegan durchgehen. Dafür aber auf den zweiten. Denn nicht alles, was wie Milchcreme oder Ei aussieht, besteht tatsächlich aus tierischen Produkten. Sie sind quasi aus Versehen vegan. Gut für uns …

EINKAUFEN – DIESE LEBENSMITTEL SIND VEGAN BY NATURE

VEGAN CANDY:

- Katjes: Salzige Heringe
- Neapolitaner-Schnitten von Manner
- Oreo-Kekse
- Ritter Sport Marzipan (allgemein gilt: Je dunkler die Schokolade, desto wahrscheinlicher ist es, dass sie vegan ist)
- Crazy Sours von Skittles
- Brause-Herzen von Ahoj-Brause
- Mr.Tom-Erdnussriegel
- Bio-Dinkel-Doppelkekse von DM
- Karamellkekse von Lotus Biscoff

VEGANE FERTIGPRODUKTE:

- Burger und Hotdog-Buns – trotzdem die Inhaltsstoffe prüfen, aber in der Regel sind die 08/15-Buns aus dem Supermarkt vegan
- fertige Gnocchis – wahrscheinlich ein Zufall, aber die Hausmarken einiger großer Supermarktketten haben eine 1-Kilogramm-Packung Gnocchi, die vegan sind
- Ketchup
- Senf
- Nudeln (alle Nudeln ohne Ei!)
- Sriracha- sowie Harissa-Sauce

ALLGEMEINE TIPPS BEIM EINKAUFEN:

- Achte auf das Vegan-Symbol. Es gibt inzwischen zahlreiche Produkte, auf denen es zu finden ist, was auf den ersten Blick erkennen lässt, dass hier nichts Tierisches drin ist. Aber auch wenn das Symbol nicht aufgedruckt ist, lohnt es sich, die Zutatenliste zu studieren ... und man kann bei weiteren Produkten fündig werden.
- Milchprodukte und Eier gehören zu den Allergenen. Deswegen sind sie immer fett gedruckt in der Zutatenliste zu finden. Es ist also wirklich auf den ersten Blick erkennbar, ob Produkte vegan sind oder nicht.
- »Kann Spuren von ... enthalten« bedeutet nicht, dass diese Zutaten im Lebensmittel verwendet wurden. Nur, dass ein anderes Lebensmittel in derselben Fabrik oder Maschine hergestellt wird und hierfür die hier genannten Zutaten verwendet werden. Wir sehen diese Lebensmittel als vegan an, wenn in den Hauptzutaten keine tierischen Bestandteile vorkommen.

TIPPS FÜR DIE EINKAUFSLISTE UND UNSERE GESCHMACKSFAVORITEN

Wir kaufen vor allem frisch, viel bio, vor allem Obst und Gemüse, aber auch Sojaprodukte wie Tofu und Milchalternativen. Hier sind wir einfach der Meinung, dass bei Nicht-Bioprodukten die Wahrscheinlichkeit von genmanipuliertem Soja sehr gering ist. Grundsätzlich achten wir sehr auf Regionalität und kaufen und essen den Jahreszeiten entsprechend. Auch die Kinder akzeptieren das und haben gelernt, dass im Winter keine Erdbeeren oder Ähnliches bei uns auf dem Speiseplan stehen.

UNSERE LIEBLINGSFERTIGPRODUKTE – NICHT ALLE BIO, ABER GESCHMACKLICH VON DER FAMILIE APPROVED

- Sour Creme: Creme VEGA von Dr. Oetker
- Alternative zu Butter: Alsan
- Kokos-Reis-Drink: Provamel
- Sojasahne: Provamel
- Sojasauce: Wir nutzen Tamari, da sie einen intensiveren Umami-Geschmack hat und ohne Weizen hergestellt wird (wenn möglich, bio kaufen!)
- veganes Pesto: Wenn es schnell gehen muss, kaufen wir das vegane Basilikum-Pesto von Barilla (ja, leider Nestlé). Wir haben aber auch viele Varianten aus dem Bioladen oder bringen uns Gläser aus dem Urlaub in Italien mit!
- Fleisch- und Wurstalternativen: Wheaty, Planted
- »Feta«: bedda in Salzlake (Kokosöl-Basis), Simply V Hirtengenuss (Mandel-Basis), Violife Greek White Block vegan (Kokosöl-Basis)
- Frischkäse: Violife Creamy (Kokosöl-Basis), Simply V Streichgenuss (Mandel-Basis), Frischecreme von Alnatura
- Hartkäse: einige Versionen von Violife (Kokosöl-Basis)
- Grillwurst: Chorizo und Merguez von Wheaty
- vegane Mayonnaise: Homann

VORRATSSCHRANK – IMMER VORRÄTE FÜR ZAHLREICHE ESSENSVARIATIONEN IN PETTO

Der einfachste Weg in die pflanzenbasierte Küche ist es, einfach keine tierischen Produkte zu kaufen! Darüber hinaus sollte dein Vorratsschrank immer gut gefüllt sein. Da hat der kleine und auch große Hunger keine Chance. Als Veganer*in solltest du darauf achten, folgende Produkte auf Vorrat zu haben, um zum einen für den Notfall gewappnet zu sein, und zum anderen because you can! Sie halten sich lange und man braucht sie eigentlich immer.

- Erbsen, Bohnen, Linsen (getrocknet, Dose, tiefgekühlt): super Proteinquelle, gut für das Sättigungsgefühl.
- Nüsse, Nüsse und noch mehr Nüsse!
- Hafermilch (ungesüßt)
- Tamari (glutenfreie Sojasauce): Hier solltest du bitte wirklich darauf achten, bio zu kaufen, damit das Produkt nicht genmanipuliert ist.
- Tiefgekühlte Edamame (geschält und ungeschält): super zum Snacken und Kochen! Auch hier auf bio achten!
- Hirse, Reis, Quinoa: die enthalten wahnsinnig viel Eisen und sättigen gut.

NÜTZLICHE PRODUKTE, DIE DU VIELLEICHT NOCH NICHT IM VORRATSSCHRANK HAST:

HEFEFLOCKEN

Hefeflocken verleihen Gerichten einen »käsigen« Geschmack. Du kannst daraus wunderbar veganen Parmesan herstellen oder Suppen aufpeppen. Wir kaufen unsere Flocken im Bioladen, du bekommst sie aber inzwischen auch in gut sortierten Super- oder Drogeriemärkten.

KALA NAMAK

Auch Schwefelsalz genannt. Schon kleinste Mengen dieses Salzes verleihen deinem Gericht einen Ei-Geruch und -Geschmack. Es ist empfehlenswert, wenn du zum Beispiel aus Tofu Rührei herstellen möchtest.

ZUCKER(ERSATZ)

- Ahornsirup: Wir würzen Gerichte viel mit Ahornsirup statt mit Agavendicksaft, der etwas weiter verbreitet ist. Da wir Pancakes lieben, haben wir Ahornsirup immer zu Hause. Beim Backen und Kochen bringt er noch das gewisse Etwas in der Süße mit.
- Xylit: stammt ursprünglich aus Birkenrinde, wird inzwischen chemisch hergestellt und süßt die Mahlzeiten ebenso gut. Es gibt auch Gelier-Xylit für Marmelade. Da Xylit für Diabetiker geeignet und sogar gut für die Zähne ist, gibt es sogar Xylit-Kaugummis ... super für Kinder!
- Kokosblütenzucker: ist nicht ganz so süß, aber geschmacklich einfach lecker.
- Rübenzucker: verwendbar wie ganz normaler Zucker, nur eben nicht so industriell verarbeitet.

ANSGAR: ***»Mit Zuckerrübensirup bin ich aufgewachsen. Eine der wenigen produzierenden Familienunternehmen in dem Dorf, wo ich aufgewachsen bin: Reinhold's Rübensaft. Zuckerrübensirup ist Geschmackssache, entweder liebt man ihn oder nicht. Zum Glück liebt meine Tochter den Zuckerrübensirup genauso wie ich und ich kann diese Tradition weitergeben. Er eignet sich hervorragend zum Würzen von Tomatensaucen, weil er noch einen ordentlichen Wumms mit sich bringt.«***

EI-ERSATZ (UNSERE FAVORITEN) ZUM BACKEN:

- 1 EL Apfelessig + 1 TL Natron verrühren = 1 Ei
- Apfelmark (nicht Apfelmus!): 3 EL Apfelmark = 1 Ei
- ½ Banane zerdrückt = 1 Ei

Bei Ei-Ersatz gilt: Wir ersetzen nicht den Eigeschmack (dazu nutze Kala Namak), sondern die Funktion. Wenn in einem Rezept viele Eier angegeben sind, dann ersetze sie beispielsweise lieber mit Apfelmark, da es hier um die Masse geht. Wenn es nur um die Klebefunktion geht, wie beispielsweise bei Pancakes, dann empfehlen wir die Apfelessig-Natron-Variante.

Avocado
'Hass'

Straße
TACO LOVE
TACO LOVE

BERLIN UND ON TOUR

Natürlich hat auch Berlin einen wichtigen Teil zur veganen Ernährung beigetragen. Wusstest du, dass Berlin die Vegan-Hauptstadt Nummer eins ist?* Ja, wirklich. Hier leben statistisch gesehen die meisten Veganer*innen. Dementsprechend viele kulinarische Angebote gibt es auch. Man hat die Qual der Wahl, wo man essen möchte. Das kann irgendwo auf dem Dorf schon schwieriger werden. Da muss man dann wohl eher selbst kulinarisch aktiv werden.

Essen gehen als Veganer im »normalen« Restaurant geht nicht? Geht doch. Sehr gut sogar. Man muss nur wissen, wie, was und wo. Aber keine Angst, dafür hast du dir ja dieses Buch zugelegt. Wir verraten dir unsere Auswärts-essen-Tipps.

ANSGAR: ***»Es muss dir nicht peinlich sein, auch mal explizit nach veganen Varianten zu fragen. Oft wissen die Bedienungen oder Köche mehr Bescheid, als man denkt, und sie müssen es wissen ... allein schon wegen der ganzen Allergiker unter uns. Da tierische Zutaten zu den Allergenen zählen, müssen sie sowieso in der Karte ausgewiesen sein. Hier einfach mal in die Nummernverweise der Karte schauen. Dann findet man immer die zufällig veganen Gerichte. Je moderner das Restaurant ist, desto wahrscheinlicher ist es, dass das Vegan-Logo oder ein anderes, eigenes Vegan-Zeichen benutzt wird. Je nach Gastronomie und wenn es kein veganes Gericht auf der Speisekarte gibt, kommt es auch vor, dass wir mal nett nach einer Gemüsepfanne fragen, wenn der Laden nicht allzu voll belegt ist. Oft gibt es positive Überraschungen, denn meist freut sich der Koch sogar, wenn er mal was anderes zubereiten darf.«***

Im absoluten Notfall bekommt man ja heutzutage auch bei allen namhaften Fast-Food-Restaurants vegane Varianten, und auch in jeder Autobahnraststätte gibt es natürlich Pommes, aber bevor man hier zum Pommes-Veganer verkümmert, ein paar Tipps, was wir machen, wenn Ansgar mal auf Tour ist oder wir einen langen Tag im Auto haben.

Am besten natürlich ist es, eigene Sandwiches vorzubereiten. Über nichts freuen wir uns mehr als über selbst geschmierte Sandwiches mit einer leckeren »Leberwurst« (siehe Seite 19) mit reichlich Salat, sauren Gurken oder frischem Meerrettich drauf. Auch frische Avocado auf einem Brot ist einfach ein Alleskönner.

HOTEL

Frühstück: Frage nach Avocado oder veganen Streichcremes, die meistens vorhanden sind, auch wenn sie am Buffet nicht ausgelegt werden. Oft gibt es auch Baked Beans. Wenn es ganz provinziell wird, dann hilft es, das Deko-Gemüse der Käseplatte (Gurkenscheiben gibt es eigentlich meist) zu sammeln und dir ein Sandwich mit Margarine, Gemüse und etwas Gewürz und Olivenöl zu kreieren. Müsli gibt es sowieso immer und wenn keine alternative Milch vorhanden ist, geht auch mal Wasser. Hafermilch ist nämlich auch nichts anderes als Haferflocken in Wasser eingeweicht.

* LAUT *BERLINER UMSCHAU*, STAND NOVEMBER 2019, SIEHE HTTPS://BERLINERUMSCHAU.COM/BERLIN-DIE-HAUPTSTADT-DER-VEGANER/

IM AUTO UNTERWEGS – SUPERMARKT

Wenn dich der Hunger packt, halte lieber bei einem Supermarkt als an einem Imbiss. Hier tut's auch der Discounter, wo man Teigwaren, Möhren und vegane Aufstriche oder Hummus bekommt. Das reicht für eine einigermaßen gesunde und sättigende Mahlzeit. Zum Nachtisch kann man Obst, dunkle Schokolade oder süße Riegel finden und zum Snacken gibt es Nüsse, Studentenfutter, Cracker oder Chips.

RASTSTÄTTE

An der Autobahnraststätte ist es meist am schwierigsten. Klar bekommt man Chips oder Nüsse, aber an einer kleinen Tankstellenkühltheke ist meistens neben Mettbrötchen nicht viel zu holen. Wir halten uns dann tatsächlich manchmal mit einer Brezel und Nüssen »über Wasser«.

VEGAN ESSEN ...

... italienisch: Bestelle eine vegetarische Pizza ohne Käse (die meisten Pizzabäcker sehen das als Herausforderung und bestücken diese »arme«, ohne Käse belegte Pizza meistens mit üppig viel Gemüse), Nudeln mit Tomatensauce und Salat mit Essig und Öl ohne Parmesan. Daneben sind viele Vorspeisen (Antipasti) und andere Gerichte wie Caponata sowieso vegan. Salate kannst du einfach ohne Parmesan und stattdessen mit Italian Dressing (Essig und Öl) bestellen.

... asiatisch: Hier sind meist alle Gerichte in einer veganen Variante möglich (Fleisch durch Tofu ersetzen lassen). Meistens gibt es sowieso schon genügend Tofu- oder Seitan-Varianten. Frag nach, ob Austern- oder Fischsauce drin ist.

... im Steakhouse: Auch als Veganer*in kannst du hier essen. Die großen und guten Steakhäuser haben nämlich exzellente Salattheken, und Beilagen wie Bratkartoffeln, Bohnen und Artischocken gibt es hier auch – lecker und vegan. Vielleicht fragst du noch, ob die Bratkartoffeln in Öl oder in Butter geschwenkt werden ...

... im Biergarten: Kartoffelsalat – klassisch mit Essig und Öl, nicht mit Mayo –, Krautsalat, gemischter Salat, Brezen und oft auch die Bratkartoffeln sind sowieso vegan. Bei Letzteren Vorsicht: Hier kann es höchstens sein, dass sie in Butter geschwenkt sind oder im schlimmsten Fall Speck enthalten. Die Biergärten von heute haben jedoch fast immer mindestens ein vegetarisches Gericht auf der Karte.

... arabisch: Hummus, Falafel, gemischtes Gemüse ... Hier sind vegane Speisen eh bekannt und deswegen schlägt das vegane Herz hier sowieso schneller!

... indisch: Meistens gibt es vegane Optionen auf der Karte oder es ist für die Küche kein Problem, das Gericht vegan zuzubereiten, da viel mit Kokosmilch gearbeitet wird. Wenn es nicht sowieso auf der Speisekarte ausgewiesen ist, einfach nachfragen.

... mexikanisch: Burritos, Tacos, Enchiladas ... meistens alles in vegetarisch erhältlich, ohne Sour Cream und Käse ist das Ganze schnell und einfach vegan.

... griechisch oder spanisch: Viele einzelne Tapas oder Vorspeisen sowie Beilagen sind hier vegan. Frag nach, je ambitionierter der Koch, desto besser das Ergebnis!

TACO LOVE
COCO
liebe

LIEBLING, UNSERE KINDER ESSEN FLEISCH!

SO GELINGT VEGANER LIFESTYLE MIT KINDERN

Dadurch, dass es bei uns zu Hause lange immer zwei Essensvarianten gab – eine fleischlose und eine fleischlastige –, hatten unsere Kinder die Wahl, sie sind also mit beidem aufgewachsen. Witzigerweise entschieden sie sich meistens tatsächlich für die Tofu-Variante. Ganz wichtig war und ist uns, keinen Druck auszuüben. Zu Hause wird zwar vegan gekocht, auswärts dürfen sie aber essen, was sie wollen. Wir sind nicht die Eltern, die im Kindergarten, in der Schule oder bei Freunden sagen, ihre Kinder dürften keine tierischen Produkte konsumieren. Das auf keinen Fall. Wir kaufen auch mal Wurst, Käse oder Eier, wenn die Kinder das wollen, und sprechen darüber zu Hause am Tisch. Uns ist es wichtig, dass unsere Kinder wissen, warum wir uns vegan ernähren. Wenn wir aber zum Beispiel Pizza essen gehen, ist klar, dass sich die Kinder eine Käse-, wenn nicht sogar Salami-Pizza bestellen. Und das ist vollkommen in Ordnung für uns.

KLAR SIND UNSERE KINDER AUCH OFT GENERVT VON VEGANER ERNÄHRUNG ZU HAUSE

Unsere Kinder sehen sich selbst nicht als Veganer, sondern als Kinder von veganen Eltern. Und dagegen bäumen sie sich auf. Sie wollen ganz normal sein, wie andere Kinder eben manchmal auch. Als Kind findet man es doch immer doof, wenn die Eltern irgendwie anders sind oder man wegen der Eltern Zielscheibe für Hänseleien wird.

Wenn wir mit befreundeten Familien kochen, wollen die lustigerweise immer, dass wir kochen. Nicht, weil sie wissen, dass wir vegan kochen, sondern weil sie wissen, dass wir gerne kochen und es immer gesund ist, egal was wir kochen. Das hören deren Kinder aber gar nicht gerne. Die haben teilweise sogar Vorurteile, wenn sie hören, dass Regine und Ansgar am Herd stehen. Das Schönste ist dann das breite Grinsen unserer Kinder, wenn sie merken, dass der Kinderbesuch die Lasagne megalecker findet und es eben doch nicht so peinlich ist, wie sie anfangs dachten.

VEGANE MILCHALTERNATIVEN FÜR KINDER

Unsere Kinder haben sich lange gesträubt, vegane Milchalternativen zu probieren. Deswegen haben wir für sie noch sehr lange normale Kuhmilch und Joghurts gekauft. Das hat sich geändert, als wir für eine Auszeit drei Monate auf Maui, Hawaii, gelebt haben. Dort sind Kuhmilchprodukte wahnsinnig teuer. Dafür gibt es aber so viele tolle Milchalternativen wie Cashew- oder Macadamiadrink in super Qualität und viel günstiger. Wir haben uns durch all diese Alternativen durchprobiert, weil es finanziell gar nicht anders möglich war. Und so hatte dann jede*r aus der Familie seine Lieblingsnussmilch. Und jetzt, zurück in Deutschland, trinken wir eben Hafermilch und Kokos-Reis-Milch.

Die größte Message, die wir unseren Kindern mitgeben können, ist nicht die Frage nach vegan oder nicht vegan, sondern selbst zu kochen, wann immer es geht. Das ist auch das, was sie am Ende des Tages genießen. Würden sie nicht explizit wissen, dass sie vegan essen, würde es ihnen sicher gar nicht auffallen. Dann wäre es einfach lecker und selbst gekocht. Das merken wir auch, wenn die Kinder länger auf Klassenfahrt sind. Wenn sie nach Hause kommen, freuen sie sich auf das Essen hier. Endlich wieder zu Hause! Und das ist für uns das Wichtigste. Sie merken den Unterschied.

SOS-REZEPTE,

WENN MAL WIEDER GAR NICHTS IM HAUS IST, DER MAGEN ABER GEFÜLLT WERDEN WILL

Glaub uns: Es hilft immer, ein paar Notfall-Klassiker-Rezepte zur Hand zu haben. Sie gehen schnell, schmecken allen (uns, den Kindern und dem Besuch) und sind nicht kompliziert.

- Gnocchi in Kokosöl in der Pfanne angebraten – lecker! Wenn du welche hast, kurz vor Ende ein paar halbierte Cherrytomaten mit in die Pfanne geben oder veganes Pesto aus dem Glas.

- Knusprige Kartoffeln: waschen, halbieren und fächerartig einschneiden (nicht durchschneiden!), mit Öl beträufeln, mit Salz und Pfeffer oder Gewürzen bestreuen und für 30 Minuten bei 200 °C in den Backofen. Besser als jede Pommes!

- Sesam-Tofu: Natur-Tofu in Würfel schneiden, mit Öl in der Pfanne anbraten. Sesamsamen dazugeben und mit Tamari ablöschen – ein super Snack für zwischendurch oder als Topping für einen Salat.

- Obst-Crumble: Etwas »älteres« Obst wie Äpfel, Pflaumen, Pfirsiche, Birnen oder TK-Obst mit Streuseln aus Alsan, Zucker, Mehl und Haferflocken bedecken. Zimt passt auch immer super noch dazu. Für 30 Minuten bei 175 °C in den Backofen. Lecker auch mit veganem Vanilleeis!

- Suppe: Gemüsebrühe mit Buchstabennudeln und TK-Erbsen … geht schnell und ist auch bei kränkelnden Kindern beliebt.

- Nudeln mit Pesto aus dem Glas. Wenn's gesund sein soll, Nudeln aus Dinkel, Vollkorn, Linsen oder Kichererbsen ausprobieren.

TINY BATCH
BREWING CO.

OMAS TIPPS UND TRICKS

Bananen: Bananen halten sich länger frisch und werden sehr viel langsamer braun, wenn man den verholzten Strunk mit Folie umwickelt.

Blattgemüse, welkes: Salat, Kohl, Spinat, Suppengrün, Petersilie und so weiter werden wieder frisch, wenn sie 15 Minuten in lauwarmem Wasser und anschließend 30 Minuten in kaltem Wasser liegen.

Brot, altes: Altes und vertrocknetes Brot wird wieder backofenfrisch (und weich), wenn es für kurze Zeit mit einem feuchten Tuch umwickelt und 20–30 Minuten im Backofen neu überbacken wird.

Champignons: Champignons nicht mit Wasser abspülen, sondern mit einem Küchentuch sauber putzen. Frische Champignons beim Kochen mit Zitrone beträufeln, dann bleiben sie schön hell.

Erbsen, grüne: Grüne Erbsen behalten beim Kochen mit einer Prise Zucker ihre schöne Farbe.

Brühe: Durch ein paar Zwiebelschalen erhält blass aussehende Brühe eine goldgelbe Farbe. Ist die Brühe versalzen, helfen Einlagen wie Suppennudeln, Möhren und so weiter.

Chili aufbewahren: Frische Chilischoten im Ganzen in den Tiefkühler legen. Direkt vor der Verwendung herausnehmen und sofort schneiden. So hat man immer frische Chilischoten zu Hause.

Hülsenfrüchte zubereiten: Hülsenfrüchte brauchen vor dem Kochen nicht eingeweicht zu werden, wenn man sie mit ein wenig Natron aufsetzt. Hülsenfrüchte sollte man erst kurz vor dem Garwerden salzen, da sie sonst wesentlich länger kochen.

Kartoffeln schneller zubereiten: Wusstest du, dass Kartoffeln schneller gar werden, sobald man einen Teelöffel Margarine ins Kochwasser gibt? Das Fett erhöht den Siedepunkt des Wassers und bei gut verschlossenem Deckel sind sie somit um einiges an Zeit schneller gekocht.

Kohl zubereiten: Kohl ist leichter bekömmlich, wenn dem Kochwasser ein paar Kümmelkörner zugesetzt werden.

Melone, süße: Melonen schmecken aromatischer und die Süße dieser Frucht kommt besser zur Geltung, wenn die geschnittenen Melonenstücke mit ein wenig Salz bestreut werden.

Nudelwasser: Kann auch statt Kartoffelmehl oder Maisstärke zum Andicken von Saucen verwendet werden.

Obst einkochen: Rhabarber, Pflaumen und andere Obstsorten brauchen beim Einkochen nur halb so viel Zucker, wenn man sie vorher mit etwas Natron aufkocht.

Petersilie und Schnittlauch: Petersilie und Schnittlauch, die im Wasser stehend schnell verderben, bleiben im Kühlschrank 10 bis 12 Tage lang frisch, wenn sie in gut verschließbaren Dosen aufbewahrt werden.

Röstzwiebeln: Röstzwiebeln lassen sich ganz einfach herstellen, indem man die Zwiebelstückchen vor dem Rösten leicht mit Mehl bestäubt.

Saft aus Zitronen und Orangen: Zitronen und Orangen geben mehr Saft ab, wenn die Früchte vor dem Auspressen einige Male auf dem Tisch hin und her gerollt oder kurze Zeit in heißes Wasser getaucht werden.

Spargel, geschälter: Geschälter Spargel hält sich in einem feuchten Essig- oder Salzwassertuch frisch.

Tomaten schälen: Tomaten lassen sich sehr leicht schälen, wenn man sie kurz in heißes Wasser taucht oder unter fließend heißes Wasser hält.

Trauben aufbewahren: Weintrauben faulen und vertrocknen auch bei längerem Lagern nicht, wenn man Folgendes beachtet: Entferne die angefaulten Trauben, versiegele das Stielende mit Folie oder Kerzenwachs und hänge dann die Weintrauben an einem Faden frei schwebend auf.

Wein in Würfeln: Weinreste in Eiswürfelbehälter füllen und in den Gefrierschrank geben. So hat man zum Abschmecken von Saucen immer einen Würfel Wein.

Wirsing und Grünkohl: Wenn Wirsing oder Grünkohl Frost abbekommen hat, wird er dadurch milder und leichter bekömmlich.

Würzen, pikant oder süß: Süße Speisen bekommen ihren vollendeten Geschmack erst dann, wenn man sie mit einer Prise Salz würzt. Pikante Gerichte hingegen schmecken noch herzhafter, wenn man eine Prise Zucker hinzugibt.

Würzen, richtiges: Gewürze verlieren durch zu langes Kochen ihre Wirkung. Deshalb am besten erst am Ende des Kochens würzen. Gewürze regen die Verdauung an und wirken belebend.

Zitronen angeschnitten aufbewahren: Eine durchgeschnittene Zitrone lässt sich mindestens 14 Tage lang aufbewahren, wenn man sie mit der Schnittfläche nach unten in eine Tasse legt, deren Boden mit Zucker bestreut ist. Die Zitrone sollte kühl und trocken aufbewahrt werden.

Zitrusfrüchte lagern: Zitrusfrüchte wie Orangen und Zitronen sollten getrennt von anderem Obst aufbewahrt werden, da das andere Obst sonst schneller an Frische verliert und schlecht wird.

Zwiebeln schälen: Zwiebeln lassen sich leichter schälen, wenn man sie vorher mit der Hand und etwas Druck auf dem Tisch hin und her rollt oder wenn sie 5 Minuten in kaltes Wasser gelegt werden.

Zwiebeln schneiden: Das Weinen beim Zwiebelschneiden kann vermieden werden, indem man die Zwiebel vor dem Schneiden mit Wasser befeuchtet und das Messer während des Schneidens öfter in kaltes Wasser taucht. Übrigens, verbraucht man die klein geschnittenen Zwiebeln nicht sofort, nehmen sie leicht einen bitteren Geschmack an.

LOVE, YOGA & ROCK 'N' ROLL
PASST DAS ÜBERHAUPT ZUSAMMEN? NA LOGO! –
WEIL LIEBE JA BEKANNTLICH DURCH DEN MAGEN GEHT.
UND WIE DAS FUNKTIONIERT, ERZÄHLEN REGINE
UND ANSGAR HIER GANZ UNABHÄNGIG VONEINANDER.

YOGA & ROCK'N'ROLL

ANSGAR FREYBERG IST DRUMMER DER BAND THE BOSSHOSS UND ROCK 'N' ROLLER BY HEART, BIERBRAUER, HÄUSLEBAUER, VATER VON DREI KINDERN UND EHEMANN VON REGINE. WER KÖNNTE IHN ALSO BESSER BESCHREIBEN ALS SIE?

UND, REGINE? WAS HAST DU SO ÜBER ANSGAR ZU SAGEN?

Als ich Ansgar 2004 kennenlernte, schlug ich seine Einladung, zu Curry 36 – eine stadtbekannte Currywurstbude in Berlin – zu gehen, aus. Ich war damals schon Vegetarierin und konnte mir bei minus 5 Grad Celsius um vier Uhr morgens bei Weitem etwas Besseres vorstellen. Nichtsdestotrotz verabredeten wir uns für einen anderen Tag und in einer anderen Location. Schon bei unserem zweiten Date stand er mit vorgekochtem Essen vor meiner Tür und kochte in meiner kleinen Einraumwohnung ein Dinner.

Mit Ansgar, der die Werbekaufmann-Karriere ad acta gelegt hat, frisch im Musikstudio-Business aber noch entfernt von Erfolgen mit The BossHoss war, hat mich schon immer die Leidenschaft für gutes Essen aus der ganzen Welt verbunden. Sechs Wochen nach unserem Kennenlernen bin ich für einige Monate nach China gezogen. Bei seinen Besuchen in meiner neuen Heimat drehte sich alles um Märkte, Essen und Restaurants.

Als dann der Erfolg mit der Band einsetzte, die Produktionen und Touren über die Zeit immer größer wurden, nahm Ansgar, was das Essen betrifft, schon früh das Ruder in die Hand. Er litt so sehr unter den Catering- und Essenssituationen bei den Venues und Konzerten, dass er es sich zu seiner Aufgabe machte, den Catering Rider zu erstellen, an den sich die Veranstalter halten mussten. Diese Anforderungen beschrieben bis aufs Kleinste detailliert, was vor Ort alles zu sein hat, damit die Band sich wohlfühlt. Aber genau so ist Ansgar. Wenn er etwas anpackt, dann mit Liebe zum Detail und perfekt.

Projekte sind sowieso Ansgars Leben – er kann und konnte wohl schon als Kind nie still sitzen. Deshalb spielt er ja auch das Schlagzeug und gibt den Rhythmus an. Viele Projekte habe ich ihn anpacken sehen – Träume träumen,

Träume verwirklichen –, er schafft es immer wieder, sich neu zu erfinden, andere zu überraschen. Eines der letzten Dinge war oder ist das Bierbrauen – alles aus eigener Hand, und es schmeckt so gut!

Mit dem Sport, CrossFit, kam die Neugierde zur Ernährung. Auch die Umstellung auf vegane Ernährung packte Ansgar als Projekt an, probierte alles aus und feilte herum, bis er den für sich richtigen Weg fand. Filme wie *What the Health*, *The Game Changers* oder *Cowspiracy* überzeugten ihn schließlich komplett und bestärken ihn auch heute noch immer wieder aufs Neue, dass die pflanzenbasierte Ernährungsweise die Zukunft für ihn ist. Simpel, back to basic und echt – wie der Rock 'n' Roll!

Hier haltet ihr sein neuestes Projekt in den Händen. Wie immer detailliert, mit Liebe und Leidenschaft, aber einfach und echt. Kein Fancy Dancy Shit – Ansgar braucht keinen Amplifier, er ist auch so laut genug! Viel Spaß beim Lesen ... Keep on rockin'.

REGINE FREYBERG IST JIVAMUKTI YOGALEHRERIN, GANZHEITLICHE GESUNDHEITSBERATERIN, MUTTER VON DREI KINDERN UND VEGANE SELFMADE-KÖCHIN FÜR YOGA-EVENTS UND RETREATS

ANSGAR, ERZÄHL DOCH MAL. WIE WAR DAS SO MIT REGINE UND DIR?

Eigensinnig, individuell und konsequent – so habe ich Regine kennengelernt und so ist sie auch in allem, was sie tut. Das bekam ich schnell zu spüren, denn kurz nachdem wir uns kennengelernt hatten, ging sie für fast ein Jahr nach China. Sie arbeitete dort an einem Projekt für Osram. Das passte mir aber auch ganz gut in den Kram, denn ich war schwer damit beschäftigt, das mit meinen Kumpels frisch gegründete Tonstudio »Sonnenstudio Music« aufzubauen. Außerdem fanden bereits die ersten Gigs mit der damals noch unbekannten Band The BossHoss statt.

Nach Regines Rückkehr und weiteren zwei Jahren kam wieder eine Phase der Umorientierung. Regine fing ein

Studium an – Gesellschafts- und Wirtschaftskommunikation an der UdK, der Universität der Künste Berlin – und wurde ganz nebenbei schwanger. Ich befand mich inzwischen hauptsächlich on the road, wodurch Regine zur »Eier legenden Wollmilchsau« avancierte (schöner Vergleich für eine Veganerin ...).

Aber Regine zieht es durch. Damals und heute. Sie macht die Dinge einfach und sie macht sie richtig – immer ganz nach ihrer Schnauze – und ohne andere beeinflussen oder gar sich rechtfertigen zu wollen. So war es normal, dass jeder von uns sein Ding machte, und trotzdem machten wir alles zusammen. So war es auch kein Problem, dass ich anfangs rauchte und Fleisch aß. Für mich war es ja auch okay, dass sie es nicht tat. Wir kochten zehn Jahre lang »zweigleisig« und hatten auch noch Spaß dabei. Bis wir das »14 Tage vegan leben«-Experiment starteten.

In dieser Zeit war ihr Studium bereits abgeschlossen und unser drittes Kind auf der Welt. Regine arbeitete in einem Verlag als Projektleiterin für Kochbücher. Diesen Job hängte sie dann irgendwann an den Nagel. Eigentlich als Lückenfüller gedacht, startete sie eine Ausbildung zur Yogalehrerin im benachbarten Yogastudio und arbeitete zur Refinanzierung in der hauseigenen Jivamukti Canteen. Da hier nur vegan gekocht wurde, befanden wir uns plötzlich im »vegan heaven«. Es wurden täglich frische Gerichte gekocht, aus Lebensmitteln, die wegmussten, und dank der Kreativität und des Erfindungsreichtums der Köchinnen und Köche wuchs täglich das Repertoire an Rezepten.

Hier bildete sich Regines Liebe zum professionellen Kochen – und Backen – heraus, und sie möchte seitdem genau das machen. So backt sie nebenbei zum Beispiel vegane Hochzeitskuchen oder kocht mobil für Yoga-Retreats. Darüber hinaus begann sie im Zuge dieser beruflichen Neuorientierung eine Ausbildung zur ganzheitlichen Gesundheitsberaterin. Zu gerne hätte sie schon längst ein eigenes Kochbuch herausgebracht.

Als ich die Anfrage für dieses Buch als Fortsetzung des Buchs *Rock am Grill. Die besten Grillrezepte der Kultband The BossHoss* bekam, wusste ich sofort, wer hier mit tätig werden musste. Der Verlag erkannte Regines Potenzial ebenso, das Repertoire an Rezepten, die Ideen und die Erfahrung, die sie mitbrachte.

Ich freue mich also sehr, mit Regine nun etwas gemeinsam geschaffen zu haben. Es war sehr viel Arbeit, denn in der Küche sind wir immer noch so gegensätzlich wie kaum ein anderes Paar. »Du würzt, ich schnipple«, »Du kochst, ich wasche ab«, »Finger weg, ich würze!« ... Regine räumt nie das von Hand abgewaschene und inzwischen trockene Geschirr auf. Sie drückt nie einen Schwamm aus oder hängt ein Geschirrtuch sauber hin. Ich hingegen brauche eine gewisse Grundordnung, sonst bin ich zu abgelenkt. Dafür sieht meine Küche nach dem Kochen aus wie ein Schlachtfeld und ihre – pling! – blitzeblank. Ich fange an zu kochen, dann zu denken. Regine plant das gesamte Menü hingegen schon im Supermarkt.

Trotzdem kochen wir gerne und am liebsten zusammen und hoffen, mit diesem Buch diejenigen zu motivieren, die sich bislang noch nicht so viel in der Küche aufgehalten und dort experimentiert haben. Die Gerichte in unserem Buch sind alle wirklich leicht zuzubereiten und man muss auch kein Profi sein, um sie nachzukochen. Einfach mal ausprobieren! Wichtig war uns, dass die Rezepte familientauglich sind. Sicher findest du bei den Rezepten das richtige für dich und deine Familie!

DANKE

SO EIN PROJEKT ENTSTEHT NIE VON GANZ ALLEIN. ES WAREN VON ANFANG AN VIELE INSPIRIERENDE UND LIEBE MENSCHEN INVOLVIERT, DENEN UNSER DANK GILT.

Regine dankt vor allem ihrer Küchenpartnerin in Crime Alessia Cecconi: für die vielen lustigen Stunden – mit dem Herstellen der zahlreichen Leckereien –, die wir in der Küche verbracht haben und von denen wir hoffentlich noch viele weitere auf Yoga-Retreats all around the world verbringen werden. Unsere Freundschaft hat angefangen in der The Jivamukti Canteen in der Brunnenstraße in Berlin, unserem kleinen »food heaven« und unserer Community – it will always be missed. Hier haben viele wunderbare Menschen gegessen, gelacht und gekocht! Ihr seid und bleibt alle eine Inspiration – you know who you are! Viele eurer und unserer Kreationen aus dieser wunderschönen Zeit sind in diesem Buch zu Papier gebracht.

Angefangen hat natürlich alles zu Hause in der Küche meiner Eltern, die meiner Schwester Julia und mir schon sehr früh gesundes und leckeres Essen aus der ganzen Welt gezeigt und es geschafft haben, dass beide Töchter sich heute in der Küche zu Hause fühlen!

Ansgar dankt den Menschen, Orten und Ereignissen, die mir überhaupt erst einmal den Unterschied zwischen gutem und schlechtem Essen zu verstehen gegeben haben. Ich bin eher ein Spätzünder, was Essen und Kochen betrifft, und möchte mich daher in chronologischer Reihenfolge als Erstes bei Jenny und Matthias von EVOPE für meinen ersten Ernährungsplan (nicht vegan!) bedanken, dem Film *What the Health* für die Inspiration, meiner liebsten Frau dafür, dass sie das 14-Tage-vegan-Experiment mitgemacht hat und mich auf der weiteren Reise immer neu inspiriert. Der Stadt Berlin für ihre vegane Vielfalt und last, but not least, meinen zwei Familien – meinen Eltern und Geschwistern – und meiner Band The BossHoss für die rockigsten Jahre on the road mit unzähligen gemeinsamen kulinarischen Abenteuern von schalen Backstage-Caterings bis hin zu feinsten Galadinners – natürlich immer verbunden mit ausgiebigen Getränkeverkostungen.

Wir danken von Herzen unseren zum Großteil nicht veganen »Models«, die sich mit der wahnsinnig schweren Aufgabe konfrontiert sahen, fröhlich und gut gelaunt frisch gekochtes, leckeres Essen vor der Kamera zu verzehren – Ann-Chris, Hannah, Manu, Lilly, Helen »Coco« sowie Tim und Nadja, Alec und Sascha, Specki, Joe, Sophie und Cyril.

Des Weiteren möchten wir unseren Freunden und Menschen danken, die auch als Nicht-Veganer für Testessen oder sonstige Unterstützung zur Verfügung standen: Stephan G., Anja und Christian von Three Boons Yoga, Speckis Crew, Pascal von Planted Foods sowie Oliver von Wheaty für die üppige Versorgung mit ihren leckeren Produkten – wir wünschen euch viel Erfolg! Danke allen anderen Freunden, Yoga-Retreat-Teilnehmern, Gästen und Kunden, die mit Lob und Liebe zum Weitermachen motiviert haben.

Für die Ausstattung der Fotoshootings danken wir unserem Freund und Küchendealer Andreas von Colecomp sowie GUSSWERK für die coolsten Schürzen der Welt made in Berlin.

Für die Locations danken wir Christian und André von der Berliner Küchenfirma Noodles Corp. für die großartige Zusammenarbeit und Überlassung des tollen Showrooms in der Karl-Marx-Allee sowie dem Herrenhaus Liepen und Taco Love an der Station der U-Bahn Eberswalder Straße für die Genehmigung der Shootings.

NOODLES
&

Vielen Dank an den Südwest Verlag/Penguin Random House und ganz besonders an Harry, Birgit und Sabine, dass ihr an uns geglaubt habt, und natürlich Pascal und Hubertus für die tollen Fotos, sowie Lars für die Designberatung und die Hammer-Illustrationen und das Cover.

Und natürlich, nicht zuletzt, gilt der größte Dank den drei ewigen und kritischsten Testessern, die man sich als Eltern mit ausgeprägter Kochleidenschaft nur wünschen kann: unseren Kinder Taro, Mika und Liam. Hoffentlich merkt ihr irgendwann einmal, wie wahnsinnig essensverwöhnt ihr eigentlich seid! Wir lieben euch!

Lokah Samastah Sukhino Bhavantu – mögen alle Lebewesen glücklich und frei sein, und mögen all meine Gedanken, Worte und Taten zum Glück und zur Freiheit aller beitragen.

Namasté, aloha und hell yeah!
Eure Regine & Ansgar

ZUTATENREGISTER

IMPRESSUM

HINWEIS
Die Ratschläge/Informationen in diesem Buch sind von Autoren und Verlag sorgfältig erwogen und geprüft, dennoch kann eine Garantie nicht übernommen werden. Eine Haftung der Autoren beziehungsweise des Verlags und seiner Beauftragten für Personen-, Sach- und Vermögensschäden ist ausgeschlossen.

Rezepte: Ansgar und Regine Freyberg, Alessia Cecconi
Projektleitung: Birgit Bulla
Bildredaktion: Sabine Kestler
Foodfotografie & Styling: Hubertus Schüler
Bildbearbeitung Foodfotos: Benedikt Obermeier
Foodstyling: Stefan Mungenast
People-/Moodfotografie, Stills und Rezeptbilder auf Seite 42, 108, 116, 123, 134 & 146: Pascal Bünning
Cover, Illustrationen & Creative Direction: Lars P. Krause, www.douze.de
Gestaltung und Satz: Jeanne van Stuyvenberg, www.die-basis.de
Lektorat: Susanne Schneider
Herstellung: Elke Cramer
Reproduktion: Regg Media GmbH, München
Druck & Bindung: Firmengruppe Appl, Wemding
Printed in Germany

FSC MIX Papier aus verantwortungsvollen Quellen FSC® C004592

Penguin Random House Verlagsgruppe FSC®N001967

ISBN 978-3-517-10103-3
1. Auflage 2022